资本新时代

孔小龙　著

中信出版集团｜北京

图书在版编目（CIP）数据

资本新时代 / 孔小龙著 . -- 北京：中信出版社，
2022.9（2022.10重印）
ISBN 978-7-5217-4640-2

Ⅰ . ①资⋯ Ⅱ . ①孔⋯ Ⅲ . ①资本—通俗读物 Ⅳ .
① F014.39-49

中国版本图书馆 CIP 数据核字（2022）第 147726 号

资本新时代
著者：　　孔小龙
出版发行：中信出版集团股份有限公司
　　　　　（北京市朝阳区惠新东街甲 4 号富盛大厦 2 座　邮编　100029）
承印者：　天津丰富彩艺印刷有限公司

开本：880mm×1230mm 1/32　　印张：9　　　字数：212 千字
版次：2022 年 9 月第 1 版　　　印次：2022 年 10 月第 2 次印刷
书号：ISBN 978-7-5217-4640-2
定价：78.00 元

目录

第一部分　新经济"大分流"

第二部分　新经济"资本论"

第三部分　全球大监管

第四部分 中国与世界

推荐序一
新时代资本的历史使命

　　每个时代都有自己的时代主题、挑战和叙事，无论是从技术的角度、商业突破的角度还是全球化的角度。新时代的资本，必须用创新的资本逻辑，才能完成它在这个时代的历史使命和历史责任。

　　改革开放前四十年，需要解决的问题是经济发展，我们已经基本完成了脱贫攻坚；而接下来，中国必然进入优先考虑国家安全和社会公平的发展新阶段。

　　从全球的实践来看，目前众多知名的一线投资基金都已经将环保等要素纳入投资流程，积极的投资者会寻求与环保相关的投资机会，将投资组合倾斜向新能源和传统行业的环保升级改造，收窄甚至拒绝投资烟草、枪支等对社会有负面影响的行业。全球一年的新能源汽车产量才几百万辆，所有新能源汽车公司的股票的估值却一度超过了化石能源车公司的估值，宁德时代市值突破万亿人民币，超过了龙头石油企业的市值，这是资本聚集影响行业变迁的集中展现。

中国私募股权行业已经从一个"小众"行业，发展为资产管理行业的重要组成部分，开始从量的增长向质的发展迈进。其在满足居民财富管理需求的同时，对于促进创新资本形成，提升直接融资比重，支持科技创新和产业转型升级，正发挥着越来越重要的战略性作用。以我之前工作所在的全国社保基金理事会为例，其从 2000 年接受中央财政划拨 200 亿元初始运作资金，到 2018 年总资产超过 2.2 万亿元，在 18 年间投资滚存收益达到 1 万亿元。

一个很好的现象是，国有资本在这方面的响应很积极。很多政府引导基金和市场化母基金在投资标准里加入了可持续发展和社会责任等相关内容，这对市场化投资机构是极大的带动和引导，因为在国内的募资端，机构投资者以国有资本为主，如果市场化投资机构没有相应的思考和行动，就不太好拿到钱。

具体来说，新时代的资本，应该主动站在社会变革的大方向上，与国家战略同频共振，将投资聚焦在"双碳"和硬科技，支持产业链国产替代，大力布局高端制造、生命健康等战略新兴产业。正确理解和支持共同富裕，加强自律，防范政策和法律风险。

这本书的主题，就是探讨新时代资本的历史使命，恰逢其时。新经济大分流、大分散时代等提法也充满新意，只要是能够发挥积极作用的技术进步、社会发展、资本要素，一定是分散化的，今天新能源汽车产业、数字化产业和"双碳"产业，都印证了这一点。

在过去多年，中国对科技行业采取的都是"监管宽松"的政策，但在市场化竞争下胜出的互联网巨头，虽然公司本身很优质，估值也很高，但大多以模式创新类为主，科技含量并不高，同时也开始走向垄断。于是中国也吸取了美国的经验教训，开始通过出台新法规等手段，防止资本野蛮生长和无序扩张，支持和引导资本规范健康发展。

新时代的科技公司和它们背后的资本，也应该参与中美科技竞争的大时代主题，参与用新经济发展带动共同富裕、实现"中国梦"的民族复兴大业。作为一个还在发展中的大国，我们应该正确看待资本在国民经济活动中的地位和作用，既不要鼓吹资本化，也不要把资本妖魔化，总觉得资本是政策应该打压的对象。

历史的经验已经证明，完全市场化和完全监管都不可行，中国正在这二者中间进行"再平衡"的新探索，这也反映了中国正在重置中的经济发展底层逻辑：从增速优先转向增长兼顾公平的同时，追求共同富裕。在这个过程中，不同所有者的资本、不同层次的资本、不同国家的资本，都要围绕着新时代的主题，才能满足不断变化的社会新需求，资本在得到回报的同时，也要为社会其他生产要素和其他群体带来共同富裕的新机遇。

全国社会保障基金理事会原副理事长

王忠民

推荐序二
中国私募股权投资的"治理与发展"

这是一个风云变幻的时代，全球正经历百年未有之大变局，在中国经济动能转换的关键时期，探索"新经济与创业投资"的关系和发展策略，具有重要的战略意义。

从目标导向看，中国的新经济需要肩负起三大使命：

第一大使命是将中国经济发展的组织形态，由"大企业型经济"向"创业型经济"转变。在传统经济时代，主宰经济命脉的主要是大企业，随着信息技术的广泛运用，小企业在信息捕捉、创新转型等方面的优势日益增强，众多创业型中小企业在经济生活中发挥着越来越重要的作用。由于总体上众多创业型中小企业的经济贡献率已经超过大企业，现代经济就其组织形态而言，已经是"创业型经济"。

第二大使命是将中国经济发展的动能支撑，由要素驱动向创新驱动转变。在传统经济时代，经济发展主要靠劳动力、资源等要素驱动。随着新能源、新材料、新工艺、新模式、新组织管理形态的涌现，创新成为经济发展最重要的驱动力。

第三大使命是将中国经济发展的竞争优势，由比较优势向全球领先优势转变。在传统经济时代，某个国家拥有一定的比较优势，就能在国际竞争中有一定的主动地位。然而，随着国际竞争在全球范围内的白热化，拥有全球领先优势才能立于不败之地。

要推动中国的新经济向纵深发展，有效实现上述三大目标，必须大力发展创业投资。在众多投融资制度中，唯有创业投资才能为众多创业型中小企业提供"收益共享、风险共担"的权益资本支持和创业管理服务，唯有创业投资才能加快实现创新驱动型动能转换，唯有创业投资才能支撑中国获得全球领先的国家优势。

经过三十多年的发展，中国已构建起创业投资机制的基本框架。从总体上看，国家虽然在宏观层面出台了诸多鼓励创业投资的宣示性文件，但现行创业投资体制仍然存在诸多不适应性，完善创业投资体制仍需补充多方面的机制：建立适应创投基金特点的基础性所得税制、引导基金让利于民机制、长期资本进入机制、特别法律保障机制等。

近年来，非法集资、集资诈骗、利益输送等金融乱象丛生，严重扰乱了金融市场，导致众多投资者损失惨重。这引起了政府高度关注和重视，各金融监管部门均加强了监管。为确保股权和创业投资行业健康发展，保护投资者权益，真正肩负起"支持创业创新，促进长期资本形成"使命，股权和创业投资行业必须尽快实现基金运作规范化，"治理与发展"成为时代的关键词。

目前，中国私募股权行业最高级别的专门规范是中国证券监督管理委员会（以下简称证监会）于 2014 年出台的部门规章《私募投资基金监督管理暂行办法》。但在实践中，还存在法规层级低、处罚力度受限等短板，并没有与其他法律法规有效形成合力，导致行业一直缺乏顶层设计，私募基金行业乱象屡禁不止。未来，由证监会负责起草的《私募投资基金监督管理条例》这一行业期待已久的文件，将拥有更高位阶的法律效力。

追求繁衍不息的资本，天然具有扩张性，而资本的无序扩张，不仅在中国，在全球范围内都掀起了强监管的浪潮。监管的难点在于，如果刻板地推行刚性监管政策，有可能扼杀科技巨头和资本的创新力。从实际效果来看，美国高科技行业经历多次反垄断，最终都极大地释放了竞争活力，促成新的创新浪潮，拓展出全新的产业格局，因此并没有发生特别大的科技公司整体性的市值动荡。

中国新经济和投资行业，还没有真正经受过系统性的反垄断洗礼，甚至国家主管部门也没有多少成熟经验可以借鉴，一切都要摸着石头过河，再加上中美科技竞争中的种种敏感因素，如何在防止资本无序扩张的同时，又不打击企业家和投资人的积极性，实现监管政策的"软着陆"，需要大智慧。

资本创造价值和野蛮生长都缘于其逐利性，哪一面是主流，关键在于是否能正确而有效地引导资本的行为。正确认识和把握资本的特性和行为规律，就能扬长避短、趋利避害；如果用好政府引导基金等资本杠杆，去引导社会资本进入国家需要的科技创新领域，就能在防止资本野蛮生长的同时充分发挥其积极作用，为经济持续健康发展注入强劲动力，而这还需要监管层、业界与学术界的共同努力。

从新经济"大分流"到全球大监管，从"独角兽"企业的崛起到公司与国家的博弈，从资本新使命到中国与世界的关系，《资本新时代》的很多内容，突破了传统私募股权行业的研究框架，为新时代资本的创新发展做出了有益探索。特别是作者把哈佛大学教授约瑟夫·奈提出的"软实力"理论，开创性地引入中国私募股权领域，形成对投资机构完整的再评价体系，对如何在全球范围内讲好中国资本故事提出了方法参考。更难能可贵的是，翔实的史料、丰满的故事、具有全球格局和历史大视野的创新性思考，使得阅读这本书的过程如同享用一场思想的盛宴。

湖南大学金融与统计学院教授、证监会市场二部原副主任

刘健钧

前言
资本走到了历史的十字路口

为什么中国没能发生工业革命？为什么中国与欧洲走上了不同的道路？这一直是一个重大谜题，也是每一个不甘落后的中国人苦苦追寻的答案。这个古老议题在当代衍生出了一个更加现实的新问题：在21世纪的新经济竞赛中，为什么只有美国和中国成为新的"两极"，而欧盟、英国和日本等逐渐沦为配角？这场新经济"大分流"究竟是如何发生的？对我们产生了哪些重要影响？

当新千年的第一缕阳光照亮地球的时候，中国正忙着为一场漫长曲折且颇具戏剧性的世贸谈判收尾，美国还没有经历

"9·11"事件，世界还是"一超多强"的格局，扎克伯格还没进入哈佛大学，距离乔布斯发布初代苹果手机还有7年，新经济创始人们还没有在各国富豪榜上成为榜首……

过去20年，世界为什么没有变成人们预测的样子？未来20年，世界又将变成什么样子？

20年间，美国从自由主义的"灯塔"蜕变成反全球化的急先锋，甚至已不愿意签署任何自由贸易协定；世界不但没有按照弗里德曼设想的那样逐渐变"平"，反而产生越来越多的隔阂，民粹主义泛滥；国家间没有实现和平，战争、冲突不断……

在历史发展的动力中，资本是关键的因素之一，也是理解时代变迁和国家兴衰的一个重要视角。

2016年，在特朗普政府中发挥重要作用的著名投资人彼得·蒂尔，在清华大学发表了一个重要观点，即中国面临"从0到1"的挑战，比想象的要来得快。这个唯一站队特朗普的硅谷大佬，对贸易摩擦和中国被"卡脖子"早有自己的预见，只是他个性内向，不会直白激烈地表达，所以当时他在清华大学的隐性警告，几乎没人听懂弦外之音，也并未引起中国科技公司的警觉并加以防范。很快，中国科技公司就为自己的后知后觉付出了巨大的代价，造成不可挽回的损失。

拜登的上台让中美双方关系有所缓和，但围绕科技霸权与安全保障的冲突恐怕会持续很长时间。俄乌冲突让西方再次认识到主要威胁来自俄罗斯，而非冷战结束之后它们认为的中国。欧洲地缘政治之争，将大大延缓美国战略重心从欧洲向印太地区转移的步伐。只要我们自己不犯战略错误，中国将会更有精力和意志应对中美之间的科技竞争，通过创新发展最终实现民族复兴。

中美之间的科技竞争，从内容和形式上都与传统地缘竞争不同。这是人类第一次以非自然地理领域为主战场的大国战略竞争，双方都没有经验，而且也缺乏历史经验可以借鉴。科技巨头之间的博弈，已经成为其中的主战场，"华为和字节跳动们"开始成为新的主角，TikTok（抖音国际版）让一向对软实力自信爆棚的美国阵脚大乱，用国家力量来应对中国科技公司的市场行为。

自东印度公司成为全球第一个跨国公司以来，公司和国家间的博弈从未停止。科技巨头是否有一天会取代民族国家？脸书、苹果、谷歌、亚马逊已经强大到具备了地缘政治影响力。当然，也有很多人并不认为这些公司将在可预见的未来取代民族国家，但无论如何，关于科技巨头能否改变地缘政治的这场大辩论，本身就说明了它们已经强大到何种程度。

这个时代的科技巨头，已经具备了超越一般国家的经济和情报实力：在2019年世界各国GDP（国内生产总值）排名中，能够超越苹果市值的只有7个国家；亚马逊跨越了国境和产业之间的壁垒，跨越了网络世界和现实世界的边界，跨越了地球和太空的边界，开始提供诸如太空旅行之类原本应当由国家提供的服务。这是一个社交媒体能操纵大选结果，也能通过永久停用账号让大国总统瞬间"社会性死亡"的时代。

大型科技公司一向以为自己是商业中的另类，生而不同。它们的信条是：无论我们做什么，都将使世界变得更美好。然而，经历数年的丑闻，互联网的乱象就连它们自己也看不下去了。一向我行我素的大型科技公司忽然发现，自身正面临一场空前的存在危机，扎克伯格和比尔·盖茨竟然都出来呼吁，现在是政府介入监管大型科技公司的时候了。对信奉自由放任主义的硅谷来说，这真是一个绝大的讽刺。

随着科技巨头的日益强大，垄断性不断增强，开始严重阻碍创新，全球范围内都掀起了一场针对它们的大监管浪潮，试图借助反垄断重新激活创新。中国互联网行业结束了将近20年的"监管宽松"，开始进入强监管的大周期。历史的经验证明，完全市场化和完全监管都不可行，中国正在这二者中间进行"再平衡"的新探索，这也反映了中国正在重置中的经济发展底层逻辑：从增速优先转向增长兼顾公平的同时，追求共同富裕。

美国学者哈维提出了"时空压缩"的概念："资本主义的历史具有在生活步伐方面加速的特征，而同时又克服了空间上的各种障碍，以至世界有时显得是内在地朝着我们崩溃了。"[①] 究竟是什么力量压缩了我们的时空，给历史的飞船装上了"曲速引擎"？

新经济的资本化是其中的关键。越来越多的科技公司快速上市，在积累了巨额财富后，它们不断用投资和并购扩展自己的边界。任何对它们有威胁的公司，都会第一时间以超乎想象的价格被收购：脸书为收购一家仅有 50 名员工、刚成立 5 年的小公司

---

① ［美］戴维·哈维.后现代的状况：对文化变迁之缘起的探究［M］.阎嘉，译.北京：商务印书馆，2013：300.

WhatsApp，投入了近 200 亿美元。

这些新经济创始人本就有着深入骨髓的股权投资"DNA"，在公司上市或被并购后拥有了巨额资产，愿意将财富投入新经济投资生态，更倾向于投资他们相对熟悉的科技、互联网等新兴领域，以及航空、生命科学、新能源汽车等对人类发展有重要意义的行业，这极大地改变了世界的面貌。

但新经济股权制、合伙制迅速造富的特点，也加剧了经济不平等的现象。新经济增长的收益，几乎全部流向了前 10% 的小部分人口，而传统经济理论几乎没有对这一现象进行深入的分析，并给出有效的解决方案。

2014 年，法国经济学家皮凯蒂所著的《21 世纪资本论》登上了亚马逊书店的榜首。这本书提出了一大预言：如果任其发展下去，那么资本积累的力量必将创造出一个极端不平等、极端不流动甚至极端不民主的社会。有评论写道：人们之所以疯狂地购买这本书，并不是因为他们有兴趣深入研究贫富分化的经济学问题，而是他们渴望知道自己为什么贫穷！

皮凯蒂探讨了导致过去半个世纪收入和财富不平等扩大的主要因素，但他的论述存在一个严重缺陷：没有足够重视新经济技术变革及其推动的全球化在过去几十年中对不平等扩大的影响。而人类技术的每次飞跃都带来财富差距的显著扩大，科技公司以传统企业 7 倍的速度成长并衰退。通用电气达到 1 000 亿美元市值用了 100 年，IBM（国际商业机器公司）用了 50 年，苹果公司用了 30 年，谷歌用了 10 年，而脸书只花了不到 5 年。如此惊人的财富积累速度甚至不符合加速度定律。

新冠肺炎疫情对本就扭曲的全球财富分配机制造成了新的冲击，科技巨头依靠颠覆性技术与资本优势，反而获得了比以往更加庞大的财富。亚马逊创始人贝佐斯的身家在2020年增长超过64%，而绝大多数传统公司都无法参与新经济时代的财富分配游戏中，这很可能导致更为严重的贫富分化。

这些问题引发了全球范围内投资人和企业家对于生命意义、商业本质以及资本使命的前所未有的深度思考。资本的终极使命到底是什么？资本如何才能促进共同富裕与繁荣？资本在解决现实紧迫挑战和人类与星球的长远未来之间，该如何平衡与选择？

新经济的发展如此迅速，任何国家、公司和个人都难以摆脱它的影响。新经济资本如此强大，以至于我们个人的幸福和前景都和它密不可分。这是一个前所未有的造富时代，但财富绝不应该继续成为个人价值观的核心，"以财富论英雄"的社会价值体系也应该有所改变。

从全球的实践来看，目前众多知名投资机构都已经将环境、社会和公司治理要素纳入投资流程，不投资烟草、枪支等对社会有负面影响的行业。积极的投资者还会寻求相关的投资机会，比如新能源或者传统行业的环保升级改造等。这绝不仅仅是"锦上添花"，而是其已经关系到企业的生死存亡，即使是传统石油巨头，如果拒绝转型，也将被新时代无情碾压。

资本既有重新塑造社会的能力，也是实现变革的强大催化剂。如果大型投资机构都能够行动起来，把利益相关者因素纳入投资考核，那么这将大大加快全球企业的转型发展，让社会更有温度。

历史的进程是动态的，资本也在不断发生变化。新经济大分流、中美科技冲突和全球大监管浪潮相叠加，把资本和世界推到了历史的十字路口：是"地球村"的梦想逐渐实现，还是全球化逆潮势不可当？是国家意志驯服科技巨头，还是大公司主宰世界甚至太空？是任由"恶创造历史"，还是选择资本向善，最终奔向共同富裕？

第一部分

新经济"大分流"

为什么中国没能发生工业革命？直到 20 世纪 90 年代，中外历史学者大多同意，中国经济陷入了一种"高水平均衡陷阱"，也就是"内卷化"，这使它无法有重大突破，从而进入近代工业社会。

　　美国历史学家彭慕兰打破了这种观点，他认为造成东西方历史分岔的主要原因，一是美洲新大陆的开发，西欧通过海外殖民掠夺摆脱本土的生态困境；二是英国煤矿优越的地理位置，易于开采和运输，由此英国率先实现向近代工业社会的转型。东西方历史这一分道扬镳的过程，被彭慕兰称为"大分流"。20 多年来，中外学者围绕"大分流"理论展开了激烈争论，黄宗智、李伯重、王家范等几十位历史学大家纷纷下场，至今尚未有定论。

　　在这场"神仙打架"般的历史争论之外，这个古老议题衍生了一个更加现实的新问题：在 21 世纪的新经济竞赛中，为什么只有美国和中国成为新的"两极"？这场新经济"大分流"究竟是如何发生的？

　　中美两国的科技巨头称霸全球，把全球消费者的大量财富揽入怀中，而世界正迎来历史上贫富分化最严重的时期，财富的"奇点"已经悄然临近。未来由技术导致的财富与阶层上的悬殊可能演变为更深刻的裂痕：撕裂社会结构，挑战人格尊严。我们又该如何应对，才能在新时代中幸存？

第一章
新经济的国运

什么是国运？一代人有一代人的使命，一代人有一代人的担当，纵向叠加起来，便是一个国家的历史，横向交织起来，便是一个国家的国运。所以我们不但要关注历史，关注历史节点上的关键人物，还要把他们横向对比，才能看清不同大国的国运如何走向分野。

20年前，全球几乎所有主流智库都预测未来世界是"一超多强"的格局，即美国是唯一一个超级大国，欧盟、日本、俄罗斯和中国等是多个地区强者。20年过去，中美成为世界新的"两极"，成为很多人眼中的"G2（两国集团）"。为什么这些权威预测会产生如此大的偏差？我们还是要回到历史去寻找答案。

大公司主宰世界的开端

爱马仕这样的西方奢侈品，在当代东方很受欢迎。但当我们回溯更为久远的时代，在中世纪的欧洲大陆上，无不弥漫着西方人对东方世界的憧憬与痴迷，那时候他们最为非凡的奢侈人生，与一种植物有关，它有一个响亮的名字——神奇的东方树叶。

茶叶原本是英国和欧洲大陆都没有的物产，1662 年，葡萄牙公主凯瑟琳嫁给英国国王理查二世，将遥远的东方茶叶和饮茶的风气从葡萄牙带到了伦敦，英国的茶叶历史由此发端。①

2002 年，伦敦大英图书馆特意举办了一场大型展览会，再现了 17 世纪初中国茶叶乘着东印度公司商船漂洋过海的历史，由于对东印度公司"丰功伟绩"极尽吹嘘，还引发了一场不小的风波：因展览内容不够客观齐全，当地华社提出抗议，主办方被迫在开幕前夕补充了有关鸦片战争的资料。

东印度公司历经 200 多年的沉浮，建立起庞大的商业版图，财富足以匹敌整个英国，改变了英国人的生活方式。巅峰时它曾拥有 26 万人的私人军队，统治了超过 4 亿人口，同时掌握了铸币权、谈判权、税收权和殖民权，建立了集商业、政治、军事、司法于一身的最强"公司帝国"。在它鼎盛时期，即使今天如日中天的脸书、苹果、谷歌和亚马逊等科技巨头也难以望其项背，可以说，东印度公司就是大公司主宰世界的开端和天花板。

每个上过历史课的中学生都知道，东印度公司是帝国主义的马前卒、剥削压迫亚洲人民的商业机器，更是鸦片战争的帮凶。但从另一维度上，东印度公司还是人类历史上第一个真正意义上

① ［日］浅田实.东印度公司：巨额商业资本之兴衰［M］.顾姗姗，译.北京：社会科学文献出版社，2016：133.

的跨国公司，在造就全球经济一体化、贸易市场全球化和股份公司制度上都是奠基者。①

最初东印度公司只是一个泛称，指西欧国家为开拓殖民贸易设立的一种公司模式。历史上先后有 7 个欧洲国家建立过东印度公司，即英国、荷兰、葡萄牙、法国、丹麦、瑞典和奥地利。这些公司的命运也截然不同：最长寿的英国东印度公司，成立于 1600 年，存在了 274 年，比美国历史都长，现在说到东印度公司，大多数人想到的都是英国东印度公司；最短命的是葡萄牙东印度公司，仅仅 5 年就夭折了。

全球首家交易所的诞生，也和东印度公司密不可分，不过不是英国东印度公司，而是荷兰东印度公司。17 世纪，荷兰人的木船几乎驶遍了欧洲人开辟的贸易航线。从好望角到日本，几乎所有荷兰木船上都悬挂着国家特许的"荷兰东印度公司"旗帜。在那个时代，投资远洋船队是荷兰"天使投资人"的首选。

1602 年，荷兰议会授予荷兰东印度公司特权，积极鼓励投资者购买公司股份，最终共有 1143 名投资者认购，初始资本约为 650 万荷兰盾，这个数额约等于今天的 1 亿欧元。对世界上第一次企业公开募集来说，这一数字非常庞大。② 荷兰东印度公司在 18 世纪初发展到顶峰，其股息占荷兰总 GDP 的近 1%。荷兰东印度公司股票的诞生，以及随之成立的全球第一家证券交易所，

---

① 王巍.金融可以创造历史 2［M］.北京：中国友谊出版公司，2021：11.

② ［荷］洛德韦克·彼得拉.全球首家交易所史话［M］.中国金融期货交易所期权小组，译.上海：东方出版中心，2016：13.

标志着股份制公司时代的开启。

1609 年，荷兰成立世界历史上第一家近代银行——阿姆斯特丹银行，为整个欧洲乃至世界贸易提供金融服务。荷兰银行的贷款利率是当时欧洲最低的，17 世纪初只有 6.25%，到 1650 年前后下降为 5%，此后稳定为 4%，有时甚至降低到 3%。[①] 这个利率甚至比现在有些地区买房的商业贷款利率还低。

在 1652—1674 年的三次英荷战争中，荷兰的综合国力被大量消耗，英国东印度公司逐渐取代荷兰东印度公司，成为海洋贸易的超级霸主。17 世纪 70 年代，英国东印度公司向股东派发的红利年化收益率在 22% 左右，17 世纪 80 年代则达到了 45%。在英国人眼里，这家公司的股票就是会下金蛋的鸡。[②]

但英国东印度公司并不满足商业公司的历史身份，逐渐发展成为一个冷酷无情的企业帝国，并统治了印度数百年，将印度从一个富饶的独立国家变为英国最重要的殖民地，彻底改变了这个文明古国乃至世界历史的发展进程。

一个意外的插曲是，当年英国政府接手印度时，突然意识到自己其实根本没有能力为一个数亿人口的大国的政治制度进行顶层设计。于是英国政府"不耻下问"，从东印度公司那里学了一套考试制度——文官改革。从此，英国才开始有了"公务员"这

① 李伯重，韦森，刘怡，等．枪炮、经济与霸权：谁在争夺世界经济的铁王座 ［M］.北京：现代出版社，2020：76.
② 徐明星，李霁月，顾泽辉.趣说金融史：货币、金融与未来经济 ［M］.北京：中信出版社，2021：94.

个职业。英国开先河之后效果很好，于是欧美其他国家也陆续跟进。[1]

征服印度的过程，也是东印度公司从商业垄断走向庞大的权力机构的过程。最初东印度公司并不愿插手当地的政治，第一位常驻印度的英国东印度公司特使罗伊就认为，战争和贸易不能共存："如果你想获得利润，向航海技能去要，通过和平的交易去获得。动用驻军以及在陆地和印度人打仗是最愚不可及的错误。"

在印度与英国的关系上，也有一次类似"鸦片战争"的大事件——1757年发生在孟加拉地区的"普拉西战役"。东印度公司在侵入印度后发生了质的变化：逐渐由商人变成了统治者。正如1789年印度代总督肖尔所说："东印度公司既是印度统治者，又是商人。以商人的身份出现，他们就垄断贸易；以统治者的身份出现，他们就攫取赋税。"[2]东印度公司从此得到莫卧儿王朝的大片土地，炮火和金融在印度所向无敌，英语逐渐成为印度的官方语言，并最终成为世界性的通用语言。

大清帝国是他们一直向往的天堂。早在1700年，即康熙三十九年，英国东印度公司就曾经携带着满满的信心，还有在印度积累的金银财宝，从加尔各答港驶向中国。英国东印度公司在此后的半个多世纪的时间里，借助和中国的茶叶贸易赚得盆满钵满，并且在这段时间内一直向中国推销鸦片。普拉西战役使他们更加相信，自由贸易可以打开任何市场，金钱与军事实力可以打

---

① 丁昶.文明、资本与投资［M］.北京：中信出版社，2021：137.

② 汪熙.约翰公司：英国东印度公司［M］.上海：上海人民出版社，2007：117.

动任何东方帝王的心，印度经验放之四海皆准。越来越多的对华鸦片输出，把对华贸易推向了无法避免的根本性冲突，最终使得大清下定决心——就在普拉西战役打响的同一年，乾隆皇帝发布了一道圣旨：沿海重施海禁，关闭三大口岸，只留下广东粤海关一口通商。

东印度公司只能长期以广州为据点，但福建、浙江、上海，甚至天津、北京都在它觊觎的范围内，最终导致了1840年鸦片战争的爆发。东方国家，不论是采取"对外开放"贸易政策的莫卧儿王朝，还是"闭关锁国"的大清朝，最终都被科技加野蛮的拳脚打翻在地，难逃被殖民或被瓜分的命运。相较印度，一个世纪后的中国人做得稍好一点儿，起码没有把政权和土地整个交出去，而且是交给一家只有数千人经营的商业公司。①

有人可能会认为，在英国为鸦片而开战时，鸦片贸易对英国而言应该已不是不可或缺。如果当初中国准英国人所请，让他们自由贸易，"文明的欧洲人"是不是就不会贩卖这个害人的东西？答案还是会，因为英国还是需要靠鸦片赚取外汇，即使在20世纪初期亦然。②

随着时间的推移，在印度大权在握的东印度公司逐渐陷入腐败。由于东印度公司之于大英帝国已经到了"大而不能倒"的地步，政府不得不出手救助，授予其对北美殖民地茶叶贸易的垄断

---

① 李弘.图说金融史［M］.北京：中信出版社，2015：50–57.
② ［美］彭慕兰，史蒂文·托皮克.贸易打造的世界：1400年至今的社会、文化与世界经济［M］.黄中宪，吴莉苇，译.上海：上海人民出版社，2018：183.

权，但这个特殊政策不但没能拯救东印度公司，反而成为美国独立的助推器，意外开启了美国的"觉醒年代"。1776年，北美殖民地爆发的"波士顿倾茶事件"，成为美国独立战争的导火索。新生的美国虽然抛弃了东印度公司，却把东印度公司开创的股份制公司、跨国管理、交易所等金融精髓不断发扬光大，成就了日后华尔街的辉煌。

一家垄断企业是否应该占到英国贸易的半壁江山？英国商人是否应该管理海外领地？一家公司是否应该拥有私人军队？这些问题不断引发质疑。当1857年印度民族大起义爆发时，东印度公司成了暴乱的替罪羊：公司的军队转给了王室，海军遭解散，当特许权于1874年到期时，这个非凡的组织悄无声息地淡出了历史舞台，其影响甚至还不如一家地方铁路公司的破产。①

作为一个复杂的历史复合体，东印度公司掺杂了复杂的野蛮和文明的因素，同样无法避开殖民扩张和对东方各民族的压迫剥削。同时，作为一个处于全球化开端的历史产物，作为推动全球贸易、商业制度、文化进步的第一部发动机，东印度公司引发了同时代很多经济学家的研究兴趣。

作为古典经济学派的鼻祖，亚当·斯密在其代表作《国富论》中指出，东印度公司在经济制度上的风险控制和利益激励的创新，构成了分工与贸易理论体系的重要来源。马克思则关注政府推动下利益垄断导致的不公平商业贸易条件，这是剩余价值学

---

① ［英］约翰·米克尔思韦特，阿德里安·伍尔德里奇.公司简史：一种革新性理念的非凡历程［M］.朱元庆，译.北京：北京大学出版社，2021：49.

说的思想资源之一。①东印度公司同时成为两个著名思想家的观察样本。①

东印度公司曾经无比辉煌了 200 多年，然后又迅速湮灭在历史的尘埃中无人问津。近年来，关于它的研究又多了起来，无论是英国人、荷兰人还是日本人，都在重新评估和修订对于这家公司的看法。对中国人来说，犯下累累罪行的东印度公司毫无疑问是臭名昭著的，但是这家公司的背后，又远远不只是贩卖鸦片的罪魁祸首那么简单，我们应该对它有更深入的研究。

东印度公司的"成功"，最重要的原因是将"新经济"和资本紧密结合。从今天的视角看，股份制公司带来了证券的衍生品，荷兰东印度公司股票的诞生，促成了阿姆斯特丹全球第一家证券交易所的繁荣；东印度公司股票在伦敦的流通，奠定了伦敦证券交易最早的一块基石。私募股权、证券交易，这些我们现在非常熟悉的金融游戏，400 多年前就已经悄悄开场。以海外贸易融资为旗手的"金融革命"，从阿姆斯特丹热炒到伦敦，比英国工业革命早了 100 多年。②

东印度公司的三大主打商品——香料、茶和棉织品，是那个年代的"互联网"。经东印度公司之手，亚洲的产品被运到美洲、非洲和其他各地，将世界紧密地连接在一起。而从事这些"新经济"贸易的人，也获得了超越同时代大多数人的机会。当时无论欧洲还是亚洲的任何地方，出身和阶层基本上决定了个人的命运，

① 王巍.金融可以创造历史 2［M］.北京：中国友谊出版公司，2021：16-19.
② 李弘.图说金融史［M］.北京：中信出版社，2015：42.

但是这家公司以开放的姿态广纳社会英才。许多人最初只是普通的士兵，还有的人甚至是负债累累、背井离乡的亡命之徒，但最后成了总督、理事或重要港口和岛屿的司令官。[1] 例如，出身低微的莱佛士，在英国东印度公司任职 15 年期间，征服了爪哇，还创建了新加坡。

在对亚洲迅速扩大的贸易中，英国东印度公司不择手段、不问道义，为政府战争债务多次捐助巨款，东亚战争都有它的策划和参与，但如果仅仅如此，还不足以招致最后的败亡，真正导致它丧命的是，其突破了公司和国家的边界。1760 年以后，它以公司的名义绑架了印度的政权，使一家垄断公司，变成垄断一个国家的独裁者，搞起了英国人在国内不齿的专制独裁。当它被自己超大的商业利益冲昏头脑，试图左右大英帝国的贸易财政政策时，它离自己政治上的被清剿也就不远了。[2]

东印度公司开张的时候，还没有大英帝国，更没有现代意义上民族国家的概念。7 家东印度公司成为公司主导全球经济博弈的开始，几百年之后，脸书、苹果、谷歌和亚马逊等科技巨头已经具备了超越一般国家的实力，并且开始参与政治，而它们本身也招致了不亚于当年东印度公司受到的道德批判，以及全球越来越严格的监管。

东印度公司开启的大公司主宰世界的潘多拉魔盒，直到今天

---

[1] ［美］卫思韩 . 1688 年的全球史［M］. 邢红梅，译 . 上海：上海教育出版社，2020：78.

[2] 李弘 . 图说金融史［M］. 北京：中信出版社，2015：45.

仍未关闭。

李鸿章的黄粱一梦

1895 年 3 月 21 日，一位来自中国的老者登上了日本本州马关市的春帆楼。他显然没有心情欣赏窗外的山水海景，那些海湾里来来往往的日本蒸汽战舰更是让人感到不安。一年前的中日海战，苦心经营 20 年的北洋水师全军覆没，成为他生平最大的憾事。更让他难堪的是，在 72 岁的高龄还不得不远赴东瀛，准备接受他一生，也是清朝立国以来最大的耻辱。[①]

第一天只进行了一些礼节性的会谈，日本首相伊藤博文还特许李鸿章使用电报专线和清廷进行密电联络。3 月 24 日，第三轮谈判开始。日本右翼团体"神刀馆"成员小山丰太郎不希望中日停战，更不愿意看到中日议和，所以希望借刺杀李鸿章挑起中日矛盾。他在横滨买下五连发手枪，怀揣诗歌集和李鸿章的照片，写下"毙奸状"，来到马关。下午 4 点多，当李鸿章乘坐的轿子快到寓所时，小山丰太郎从路边的人群中冲出，拔出手枪射击。李鸿章左眼下方中枪，顿时血流如注，当场昏倒。

子弹并未击中李鸿章要害，在赔款金额从白银 3 亿两缩减到 2 亿两后，他最终签署了《马关条约》。有观点认为，李鸿章挨了日本人一枪，这与赔款金额的减少有关，价值 1 亿两白银的这

① 吴军. 信息传：决定我们未来发展的方法论［M］. 北京：中信出版社，2020：174–175.

颗子弹，是世界上最贵的一颗子弹！其实这种说法并不正确，因为日本早已破译了中国密电码，掌握了中方全部意图和底牌。30年前最早在中国提出发展电报的李鸿章，一生中最重要的谈判却输在了电报上，历史以这样的方式惩罚了新经济竞争中落后的一方。

李鸿章对大清帝国来说，绝对是最重要的那个人。这个中国近代史上最具争议的人物，有着一串不输"龙妈"[①]的头衔：大卖国贼、丧权辱国条约签署专家、大清"裱糊匠"、晚清第一权臣、洋务运动操盘手、东方俾斯麦、唯一能与西方列强争一时短长之人、大清第一个环球访问的特使、中国最有手腕的外交家、中国近代化转型的设计师……

梁启超曾在《李鸿章传》中感慨："四十年来，中国大事，几无一不与李鸿章有关。自李鸿章之名出现于世界以来，五洲万国人士，几于见有李鸿章，不见有中国。一言蔽之，则以李鸿章为中国独一无二之代表人也。外国论者，皆以李为中国第一人。"[②]

李鸿章很忙：设立外国语言文学馆，挑选学生赴美留学，设立江南机器制造总局、轮船招商局、开平矿务局，开办漠河金矿，筹建北洋水师，抽空还要进行环球访问，和"铁血宰相"俾斯麦来个超级对话。

他能办成这么多事儿，还有赖于英国人赫德。1864年，赫德成为中国海关总税务司，执掌中国海关近50年，在华洋人的

---

① 美剧《权力的游戏》中一名主要角色，以头衔多著称。——编者注
② 梁启超.李鸿章传［M］.北京：商务印书馆国际有限公司，2019：4–5.

权力无人能出其右。一个外国人掌控一个国家海关半个世纪，今天似乎不可想象，但在当时别无他法。签订《南京条约》后的多年里，偌大的中国竟找不到一个既通洋文又真正懂经济的人。具有讽刺意味的是，洋人掌控的中国海关，竟是清政府中最清廉的衙门之一，对于急需大笔资金发展新经济的改革派官员，海关税收是续命的钱。

到 1899 年，清政府财政收入的 1/3 来自海关税收。江南机器制造总局、金陵机器制造局、福州船政局及船政学堂、天津机器局、天津武备学堂、长江口至南京下关等九处炮台，以及后来幼童赴美留学等项目的费用，都是从关税收入中支付的。①

1872 年，李鸿章创办轮船招商局，成为清末洋务运动由"求强"向"求富"转型的开端。但他无力从根本上改变制度，只能以"官督商办"的办法曲折突破体制性障碍。轮船招商局是洋务派创办的第一个从"军工"转向"民用"，由"官办"转向"官督商办"的企业，因此意义非同寻常。② 这在中国近代经济史上是一次重大的制度创新。

招商局创造了中国历史上的很多个"第一"：从上海到汕头的第一条沿海航线；从上海到汉口的第一条长江航线；从上海到日本神户的第一条远洋商业航线。很快，中国各通商口岸也被连为一体。这动了其他商船的既得利益，洋商旗昌和太古联手压价，

---

① 吴煮冰.洋人撬动的中国［M］.北京：中国画报出版社，2019：88.

② 雷颐.帝国的覆没：近代中国社会的转型困局［M］.北京：东方出版社，2021：113.

在招商局"轮船预定起航的当天把运费减半";甚至达成"齐价合同",将运费降低七八成之多也在所不惜,只为挤垮羽翼未丰的轮船招商局。但招商局作为大清第一"地头蛇"公司,也自有其独特的优势:经营成本低;中国人揽中国货,便于成交;每年有20万担的漕粮,不愁无货。

招商局与洋商打了三年商战,1876年,规模最大的旗昌洋行将16艘轮船和各口的码头仓库卖给了招商局,这是近代以来中国企业第一次完成对外企的收购,从此国家涉江浮海之火船,半皆招商局旗帜。招商局航线逐渐覆盖了大半个地球,向东至日本和美国,向西过南洋经苏伊士运河直抵伦敦。

打败太古这样的公司其实非常难,现在太古地产旗下的太古里,依然在北京、上海以及四川等地四处开花,风头一点儿不减当年。招商局和太古集团的竞争,延续100多年,至今仍未完全分出胜负。

招商局不但是第一个击败外国公司的中国公司,还是近代中国第一家通过发行股票筹集资金兴办的股份制企业,由李鸿章亲自出任大股东。[①] 作为招商局的官方赞助人,李鸿章以投资5万两白银的方式对其创办招商局的承诺做出了保证。每股原始价格定为白银100两,并要求公司的管理人员每人至少向里面投资3万两。为了吸引更多的投资,招商局的章程还强行担保每年会有

---

① ［美］史景迁.追寻现代中国［M］.温洽溢,译.成都:四川人民出版社,2019:296.

10%的红利回报，到1873年年底，其总股本已经上升至47.6万两。[①]

此后，只要有"新公司出，千百人争购之，以得股为幸"，掀起了洋务运动时期通过发行和买卖股票兴办新式企业的一个小高潮，还催生出上海第一家仿效西方的证券交易所——平准股票公司。1882—1909年的28年间，招商局向煤矿、纺织、铁厂、银行、铁路、学堂等几乎所有的洋务领域投资20项，可以说，招商局是中国企业风险投资的开山鼻祖。

赫德的独特之处在于他是大清的二品大员，是"体制内"的人，和当权高官能直接说得上话。一些历史学者认为，由于他的介绍，大清末年朝廷对西方经济金融知识知之甚多。剑桥一位教授就以结论性的口气说，赫德是向中国传播政治经济学的第一人，由于他的努力，大清对英国金融制度的理解已经没有太大的差距。[②]

很快汇丰银行就给大清好好上了一课，1896年5月，李鸿章出访英国，汇丰银行主席在伦敦海德公园的水晶宫大肆铺张宴请。李鸿章目睹银行的张扬，起身赞誉汇丰银行主席说："你们在中日鏖战之际借给了我们钱，真是太有眼光了。"但是汇丰可不会因为这样的恭维给大清面子，它借给英国政府的利息只有2.5%，比借给大清政府的利息低了一半还多。李鸿章在宴会上

---

① ［美］斯蒂芬·哈尔西.追寻富强：中国现代国家的建构，1850—1949［M］.赵莹，译.北京：中信出版社，2018：213.

② 李弘.图说金融史［M］.北京：中信出版社，2015：201.

被主人告知这个数字，心中可真是打翻了五味瓶。[1]

李鸿章在国外被人欺负，在国内也受顽固派的攻击。虽然招商局取得了巨大的成功，但依然有人提出要收归国有，由南北洋大臣统辖。这一建议得到了许多官员的响应，他们纷纷要求将招商局收归官办，起码要加强政府的监督控制。由于李鸿章的坚决反对，此次收归国有之议不了了之。甲午战争后的1896年，李鸿章因战败为万民所指、被清廷投闲散置，大权尽失。御史王鹏运认为时机来临，上奏请特派官员到招商局"驻局办事"，虽未明说，实际意图仍是收归官办。但总理衙门反驳了建议，维持了官督商办的原状。[2]

李鸿章作为一个汉族地方官员，统领满族统治者的洋务运动，遭到中央与地方的双重阻碍，遇到的强大阻力是今天的我们难以想象的。俾斯麦设家宴招待来访的李鸿章时，他从常识出发，认为无论一个政权多保守、多守旧，都不会反对增强军队战斗力的改革，因为它肯定会意识到，军队强弱对自己政权的安危至关重要，所以整个改革可以从阻力最小的军队改革入手。但他不知道，19世纪40年代初鸦片战争时，林则徐等人提出用敌人新式武器的"师夷长技以制夷"，都被朝廷拒绝、严斥，军队体制改革更难推进。直到甲午惨败后，清政府才开始"练新军"、进行军事改革。[3]

---

① 李弘.图说金融史［M］.北京：中信出版社，2015：238.

② 雷颐.李鸿章与晚清四十年［M］.太原：山西人民出版社，2019：293-296.

③ 雷颐.李鸿章与晚清四十年［M］.太原：山西人民出版社，2019：71.

回顾 19 世纪 70 年代的大清"改革开放",虽然也诞生了中国第一家股份制公司,第一家仿效西方的证券交易所,但比东印度公司和全球首家交易所晚了近 300 年。究竟是什么,让我们落下了近 300 年的路程?

在和明朝的战斗中,努尔哈赤被"红夷大炮"重伤而亡。"夷"是传统中对包括满族在内的非"华夏"的歧视性称呼,清在入关前想方设法得到"红夷大炮",没有因为名称含有对自己歧视、侮辱之意而拒绝。入关 200 年后,清王朝竟然不许用"夷狄"的先进武器,说明这个政权在夺取政权前,没有受到陈腐观念、条条框框的限制,夺取政权后却渐渐僵化保守。①

洋务运动引进了机器和技术,却没有建立起相应的金融制度。赫德曾大力呼吁清政府对银行的发展给予关注,担任过招商局总办的唐廷枢也曾倡议在广州建立股份制的新式银行,但直到 20 年后才由官商盛宣怀办成了中国第一家股份制银行。当甲午战争爆发时,日本已有千余家银行和现代金融机构,在战争中拥有强大的融资能力,这也是中国战败的重要原因之一。

轰轰烈烈开展了 30 多年的洋务运动虽然以惨烈的失败收场,却开启了中国的近代化之路,开辟了新经济的资本化之路,缩小了大清和世界先进国家的差距,也留下了很多宝贵的财富。由容闳主持的幼童留美计划,培养出了詹天佑等一批出类拔萃的精英,他们日后在外交和实业界发挥了中流砥柱的作用。

---

① 雷颐.帝国的覆没:近代中国社会的转型困局［M］.北京:东方出版社,2021:75.

在黄浦江与长江交汇入海处的长兴岛上，江南造船集团延续着江南制造总局的历史。150多年来，民族工业的发展在江南造船厂得以见证，在当下这个日益发展的时代，它又焕发出新的生命力。如今，中国海军几乎所有的主力驱逐舰都是由江南造船集团建造的，未来新一代的国产航母也和它密不可分。

招商局，这个洋务运动的"唯一血脉"，也是当今最被低估的公司之一。在它150年的历史中，历经晚清、民国、新中国，深度参与了洋务运动和中国的改革开放，处处都体现出一个"变"字，并在因缘际会之时掀起波澜，引领了整个中国的经济创新。

1978年，香港招商局常务副董事长袁庚创建蛇口工业区，他因此被誉为中国改革开放实际运作第一人。他提出的"时间就是金钱，效率就是生命"的响亮口号，影响了全中国。招商局作为一个企业，单独开发一个经济区，在国内外都是罕见的，放眼全球，之前几百年中能够做成这样事情的只有东印度公司。

令人意想不到的是，重新出发的招商局首先面临的难题不是太古这个百年前的老对手，而是来自内部的阻力。1980年9月3日，胡耀邦总书记看到新华社一份题为"蛇口工业区建设中碰到的几个'卡脖子'问题"的《国内动态清样》，当日就做了批示。① 随后国务院进出口管理委员会召集专题会议，江泽民主持会议，研究解决蛇口工业区建设中碰到的"卡脖子"问题。② 拿掉"卡

① 涂俏.袁庚传：改革现场1978—1984［M］.深圳：海天出版社，2016：118.
② 涂俏.袁庚传：改革现场1978—1984［M］.深圳：海天出版社，2016：118.

脖子"的"铁手"之后，招商局进入飞速发展的新时期，相继创办了招商银行、平安保险等一大批知名企业。

40 多年过去，"蛇口精神"已经成为深圳创新精神的代名词，蛇口更是成为中国新经济的一个超级孵化器，招商局、平安、华为等巨头从蛇口走向世界，在原来蛇口工业区的基础上成立的南山区，聚集了腾讯、大疆、百度、阿里巴巴、字节跳动等中国顶尖新经济公司，以及苹果、思科、微软等世界 500 强的研发中心，粤海街道办也被称为"中国最牛街道办"。

图灵和香农，英美的分水岭

1954 年 6 月 7 日夜里，一个 42 岁的"性无能"的男人，在吃下一颗浸泡过氰化物溶液的毒苹果后静静地离开了人世。60 年后，英国著名演员"卷福"主演的电影《模仿游戏》，精彩还原了这个男人协助盟军破译德国密码系统"英格玛"，从而扭转第二次世界大战战局的传奇故事，获得了奥斯卡奖。

他就是艾伦·图灵，一个如谜的解密者，一个浪漫的计算机科学和人工智能之父，一个哈姆雷特般的男人。图灵在年轻时就曾经探索过量子力学与智能的关系，今天，他提出的通用计算机已经发展成了国际互联网，当年的梦想已经照进了我们的现实生活。

"有一次，我发电子邮件询问他，苹果公司的标识是不是在向伟大的计算机先驱图灵致敬。乔布斯回复说，他希望自己曾经考虑过这一点，但实际上并没有。"即使艾萨克森把这段往事写到《乔布斯传》中，依然有很多人相信，这是冥冥之中自有天意。

关于历史和将来，奥地利著名作家茨威格有一段精彩的论述："一个民族，千百万人里面才出一个天才；人世间数百万个闲暇的小时流逝过去，方始出现一个真正的历史性时刻，人类星光璀璨的时辰。"① 毫无疑问，图灵就是这样的天才人物。

1936年，24岁的图灵和20岁的香农，分别解决了使用机器处理信息的两个基础理论问题，促成了后来电子计算机的诞生。1942年，图灵跟随英国政府发起的军事密码项目访问团来到美国。在很长一段时间里，大家经常看到有两个年轻人在贝尔实验室的咖啡厅喝茶聊天。图灵和香农在情报界的名气让他们的会面充满了神秘色彩。②

图灵提出了判定机器是否具有智能的方法——"图灵测试"：安排测试者同时和计算机及另一个真人沟通，而测试者不知道哪个是计算机，哪个是真人。测试者可以向计算机和真人问问题，和他们玩游戏、辩论，甚至是调情，而且时间长短不限，然后再来判断哪个是计算机，哪个是真人。如果测试者无法判定，或根本选错，就等于计算机通过了测试，我们应该认定它

---

① ［奥地利］斯蒂芬·茨威格. 人类群星闪耀时［M］. 高中甫，潘子立，译. 南京：译林出版社，2017.

② 吴军. 信息传：决定我们未来发展的方法论［M］. 北京：中信出版社，2020：232–233.

具有心灵。

图灵测试其实就是复制了每个同性恋男子在1950年的英国必须通过的日常测试：你能装成一个异性恋吗？图灵根据自己的个人经验知道，你究竟是谁根本不重要，重要的是别人对你的看法。根据图灵的看法，未来的计算机就像20世纪50年代的男同性恋者，计算机究竟有没有意识并不重要，重要的是人类会怎么想。[①]

1952年，图灵因同性恋倾向背上了猥亵的罪名。在被定罪之后，他面临两个选择：坐牢，或者化学阉割。他选择了后者，"治疗"持续了一年，他的身心受到重创，药物的副作用包括性无能和乳房发育，也使得他无法继续原本热爱的长跑运动，最终不堪重负自杀身亡。

在对待同性恋的问题上，美国政府远远走在英国前面，从临床管理到安全保障，一切都在朝着合理的方向发展。1950年，美国参议院一个附属委员会详细调研了同性恋者在政府机构的就职情况，以及为什么政府机构不愿意雇用同性恋者，并希望找到一个有效的方案来解决这个问题。[②]

和图灵相比，香农是非常幸运的。20世纪50年代初，香农已经是世界上公认的密码学大师之一。1956年，香农和明斯基等9位科学家一起，提出了人工智能的概念。香农的导师万尼瓦

① ［以色列］尤瓦尔·赫拉利.未来简史：从智人到智神［M］.林俊宏，译.北京：中信出版社，2017：108–109.

② ［英］安德鲁·霍奇斯.艾伦·图灵传：如谜的解谜者［M］.孙天齐，译.长沙：湖南科学技术出版社，2017：644.

尔·布什是20世纪美国最重要的科技管理者之一，作为美国第一任总统科技顾问，他不仅创立了美国国家科学基金会，还参与制定了美国政府支持和管理科学研究的基本国策，确保了从第二次世界大战开始美国的科技水平始终遥遥领先于世界。[①]

接下来的50年里，香农在他老师开创的科研体系中如鱼得水，成为"信息论之父"，与爱因斯坦比肩。这是香农公共生活中一个永恒的部分，他将永远被尊为通信数学理论界的"爱因斯坦"。[②]香农于2001年2月24日逝世，《纽约时报》刊登了他的讣告，贝尔实验室的一座大楼以他的名字重新命名。

英国在新经济大分流中被美国和中国落下，本质上是综合国力的原因，但通过图灵和香农两位天才少年截然不同的人生可以看出，人才竞争也是成败的关键因素之一。英国早期也有强大的项目，包括战时巨无霸破译机和图灵在战后研发的ACE（自动计算引擎）系统。英国人只是在20世纪60年代才落后于创立了IBM的美国人。[③]图灵和香农这两个年轻科学家命运的大相径庭，也间接影响了英国和美国高科技的发展态势。

1966年，美国计算机协会设立了"图灵奖"，旨在奖励对计算机事业做出重要贡献的个人。图灵奖的获奖条件极高，一般

---

① 吴军.信息传：决定我们未来发展的方法论［M］.北京：中信出版社,2020：222.

② ［美］吉米·索尼，罗伯·古德曼.香农传：从0到1开创信息时代［M］.杨晔，译.北京：中信出版社，2019：218.

③ ［美］乔纳森·格鲁伯，西蒙·约翰逊.美国创新简史：科技如何助推经济增长［M］.穆凤良，译.北京：中信出版社，2021：67.

每年仅授予一名计算机科学家，被誉为"计算机界的诺贝尔奖"。1966 年至 2020 年，图灵奖共授予 74 名获奖者，以美国、欧洲科学家为主，他们日后都成了科研领域的核心精英。2018 年图灵奖的得主杨立昆，目前是脸书的首席人工智能科学家，正在用人工智能技术帮助这个社交巨头在全球"攻城略地"。

2000 年，中国科学家姚期智获图灵奖，这是中国人第一次也是目前唯一一次获得图灵奖。2005 年，姚期智在清华创立了"姚班"，"姚班"很多毕业生都活跃在计算机科学领域的世界舞台上，他们创办的旷视科技等公司，正在业界引领全球信息革命的创新浪潮。

为什么图灵奖是美国而不是英国设立的？因为图灵的悲剧，在英国直到 2009 年才迎来迟到半个多世纪的道歉和平反。2009 年，英国计算机科学家康明发起了为图灵平反活动，签名者超过了 3 万，时任英国首相布朗不得不发表正式声明向图灵道歉。2013 年，英国议会通过图灵赦免法案，女王伊丽莎白二世签署了这项法案，赦免了图灵"严重猥亵"的罪名。

在新经济浪潮中，有一个长期以来令大家困惑的不解之谜：为什么硅谷在全世界其他地区难以复制？有人将其归功于独特而舒适的气候，谷歌前董事长施密特甚至认为气候是硅谷成功的唯一原因。有人将其归功于斯坦福大学，认为它源源不断地向硅谷输送优秀人才，甚至直接孕育出引领技术浪潮的新公司。还有人认为是大规模的风险投资、政府的扶持以及对于知识产权的良好保护等促成了硅谷的成功。

其中非常重要的一个原因是叛逆精神和对叛逆的宽容造就了硅谷。著名的"八叛徒"从肖克利半导体公司出走，成立仙童公司，后来又都再次叛离他们自己创立的仙童公司，创办出英特尔等一系列半导体公司，这一切无不体现着叛逆精神。"八叛徒"之一的拉斯特也从仙童公司离职，和他一同离职的克莱纳后来创办了硅谷第一家风险投资公司凯鹏华盈，成功地投资了苹果、亚马逊和谷歌，凯鹏华盈也成为世界上最知名的风投公司之一。不久之后，仙童公司主管销售的副总经理唐·瓦伦丁也离开了公司，创办了红杉资本。[1]

2014年，苹果CEO（首席执行官）库克就同性恋问题公开发表了看法："我为自己是同性恋而骄傲，我认为同性恋是上帝赐予我的最伟大的礼物之一。"他的这个说法是否只是营销战略？或者对他而言，承认自己的同性恋身份是他自身的需要？答案已经不再重要，尤其是在硅谷，所有这一切都已经非常平常了。[2] 假如图灵能像香农一样活到2001年，假如当时的英国能够像美国那样，对科技天才更加宽容，图灵有可能改写英国甚至整个世界的信息时代历史。

"这不过是将来之事的前奏，也是将来之事的影子。"英国新版的50英镑纸币，使用了图灵的肖像和他的这句预言。不幸的

---

[1] 吴军.信息传：决定我们未来发展的方法论 ［M］.北京：中信出版社,2020：308–309.

[2] ［德］汉斯–尤根·雅各布斯.谁拥有世界：全球新资本主义的权力结构 ［M］.吕巧平，译.北京：中信出版社，2020：534.

是，他的预言成真，英国自毁人才的闹剧再次出现。

英国脱欧公投产生了一系列的深远影响，尤其是高科技人才的去留。硅谷银行调查显示，初创公司高管对当地营商环境的乐观程度明显减少，少于一半的人认为情况会改善，16% 的高管表示悲观，17% 的高管考虑或打算将公司总部迁出英国。英国私募股权与风投协会会长哈梅斯认为，眼下英国最大的问题是人才。他建议，脱欧谈判中关键优先事项是吸引高技术人才和创业者来到英国，并且保障欧盟公民在英国的合法地位。

英国显然也意识到了问题的严峻性，试图从税收等方面开始发力。英国的税收规定也使它成了一个充满吸引力的地方。如果欧盟委员会继续提高对科技巨头的税收，伦敦技术中心的地位就可能得到进一步强化。苹果遭受欧盟 130 亿欧元税收账单的打击后，时任英国首相特蕾莎·梅表示她将"欢迎"苹果公司入驻英国。从许多方面来讲，伦敦已经是硅谷的"殖民地"，一个忠诚的前哨基地，旁边漂浮着的就是欧洲，它却脾气暴躁，正在打压大的科技公司。①

即使如此，错过新经济浪潮的英国还是不可避免地走向衰落。新华社伦敦分社记者曾在英国脱欧后采访英国前副首相克莱格："英国衰落了吗？他干脆地回答，毫无疑问。但克莱格话锋

---

① ［美］露西·格林. 硅谷帝国：商业巨头如何掌控经济与社会［M］. 李瑞芳，译. 北京：中信出版社，2019：124–125.

一转——英国正在'优雅地衰落'。"①

日本"帝国失格"

日本的风险投资机构有多少家？答案是：87 家。野村证券公司一位投资专家指出，其中活跃的不超过 30 家。日本有 350 多万家企业，只有 80 多家风投机构，说明风投机构在日本没有市场，或者说，日本多数企业对风投说"不"！②

1979 年，著名国际关系学者傅高义，在日本社会经济腾飞前一刻出版了《日本第一》，在日本和美国都引起极大轰动。在明显变化的背景下，当他在日本举行演讲时，听众席上总会有人站起来提问道："您现在后悔写下《日本第一》吗？"为了回应质疑，他又出版了《日本还是第一吗》，却仍未能消除人们对日本经济的疑问。

2001 年，日本出台了第二个科学技术基本计划，雄心勃勃地表示要在 50 年内拿 30 个诺贝尔奖。如今才过去 20 年，日本就已经诞生了 20 位诺贝尔奖得主，计划大有可能成为现实。尽管如此，依然有不少质疑声。2015 年诺贝尔物理学奖得主梶田隆章就曾直言不讳："资金、科研环境和科研人员数量，是决定

① 桂涛.英国：优雅衰落（"脱欧"时代的权力、荣耀、秩序与现实）[M].北京：生活书店出版有限公司，2019：5.
② 徐静波.日本如何转型创新——徐静波讲演录[M].北京：华文出版社，2020：47.

论文数量的三大要素，日本如果在这三个方面不加以改进，那么未来将难以获得诺奖。"

2018 年日本《科学技术白皮书》表明，在世界主要科研大国中，只有日本发表的论文数量在减少。瑞士洛桑管理学院发布的《世界数字竞争力排行 2020》中，日本在 63 个国家和地区中排名第 27 位，比上年下降 4 位。而到了 2021 年，日本在 64 个国家和地区中排在第 28 位，远低于中国的第 15 位。

日本零售业的科技创新至少比中国落后了 5 年，至今还是以传统的实体店为主，电商领域已经被中国甩下了几条街。在日本百货公司里，卖皮夹子的柜台依然很火。西装革履者必须使用长方形真皮钱包，并在钱包上刻上自己的罗马字姓名，才显示出一种"酷"。对许多中国人尤其是"00 后"来说，这简直是天方夜谭。"出门只带手机"是当今中国社会的时尚。①

除了生活方式，更多人则质疑，在新经济浪潮中，日本在国家层面缺乏脸书、谷歌、苹果、亚马逊和百度、阿里巴巴、腾讯、华为等具有代表性的科技巨头公司。过去 20 年，中国掀起了轰轰烈烈的互联网变革，各大公司在线上的竞争激烈程度堪比罗马斗兽场，日本却是一片风平浪静，除了软银总裁孙正义偶尔出来秀一下存在感，其他人似乎并没有太大声响。

在胡润研究院发布的《2021 全球独角兽榜》上，全球已经有多达 1 058 家独角兽公司，美国以 487 家排名第一，中国以

---

① 徐静波.日本如何转型创新——徐静波讲演录［M］.北京：华文出版社，2020：20.

301 家排名第二，而日本只有区区少数几家公司上榜。就连孙正义也感慨道："不幸的是，日本国内基本上没有可以称为全球一流独角兽的公司。"在《福布斯》杂志 2020 年全球最佳投资人榜单前 20 名中，华人投资人占七席，沈南鹏连续三年全球第一，竟然没有一个日本人上榜。

为什么日本独角兽公司这么少？为什么日本风险投资人这么稀缺？

首先是人口基数问题。美国人口 3 亿多，中国人口 14 亿多，只要能抓住主流人群，就是一个很大的基数。而日本的人口总量只有 1 亿多，随着日本人口的进一步减少，这一短板会越来越制约日本新经济公司的发展。对日本的创业者而言，中国的人口规模是他们永远无法企及的奢望。

其次是企业家的老龄化。英国卡斯商学院 2016 年的数据显示，上海证券交易所上市公司 CEO 平均年龄只有 47 岁，而全球 500 强 CEO 平均起始年龄在 2004 年为 55 岁，日经指数公司 CEO 的平均年龄则为 62 岁。2018 年，《日本经济新闻》对全球约 4.6 万家上市企业比较后的数据显示，日本的董事平均年龄为 59.5 岁，远高于中国的董事平均年龄 50.2 岁。

日本企业家群体的平均年龄，可能要比中国高出至少 20 岁。2021 年，铃木汽车董事长退休时已是 91 岁高龄。佳能董事长 87 岁高龄依旧活跃在经营一线，这是中国创业者们不可想象的。在中国，马云 55 岁"退休"，刘强东 46 岁"退休"，黄峥 41 岁"退休"，段永平 40 岁"退休"，陈天桥 37 岁"退休"……

再次是日本相关法律的保守。美国人的思维是"如果没有规定，那就放手去做"，而日本人的思维是"如果没有规定，那就什么也不能做"。日本政府面对创新往往是"先管制，后尝试"的态度，会先建立健全的法律约束企业以及行业，然后才会允许民间企业进入。从行业调查到法律规定完备，往往需要几年的时间。

当年孙正义决定转型宽带业务时，遭到日本最大运营商NTT（日本电报电话公司）的阻挠，孙正义等人来到总务省，负责的女科长一露面，孙正义就开火了：

> "明明已经有法律了，NTT却一点儿都不配合。只有你能管管NTT了，你不管还有谁能管呢！"
>
> "我们会调查的。"科长准备离开，却被孙正义拦住了。
>
> "等一下，你有打火机吗？"
>
> "啊？"
>
> "我要在这儿浇汽油自杀。以这样的理由让用户等着，对我来说比死还痛苦。我要见记者，把原因全讲出来，然后在这里浇汽油自杀。"①

连孙正义的创业之路都如此，可想而知其他日本创业者面对政府有多无奈，要想在年轻人中形成创业精神有多难。2006年，

① ［日］杉本贵司. 孙正义传：打造300年企业帝国的野心［M］. 王健波，译. 北京：中信出版社，2020：231-232.

日本青年创业者代表堀江贵文被捕事件，导致日本年轻人创业的欲望再次降低。2015 年《新闻周刊》毫不留情地将标题定为"世界上最没有创业者精神的就是日本的年轻人"。该杂志以全世界 59 个国家的年轻人为对象展开调查，结果显示，比起其他国家，日本 20~29 岁年轻人的冒险精神与创造性之低令人瞠目结舌。a

与之形成鲜明对比的，是中国政府对创新创业的大力支持，不但中央支持双创，地方政府也不断出台扶持政策。2022 年 2 月，浙江省宣布：大学生创业可贷款 10 万 ~50 万元，如果创业失败，贷款 10 万元以下的由政府代偿，贷款 10 万元以上的部分，由政府代偿 80%。

日本的用工制度也是风险资本未能在这个国家出现的一个重要原因。日本大企业传统上采用的终身雇佣制，极大地限制了现有雇员，甚至是那些具有潜在创新理念的员工，离开企业去创办新企业。如果创业失败，员工不仅无法重回原来企业，而且也很难甚至不可能在其他企业找到同样的就业机会。这样的制度还使得原本就为数不多的企业家，极难找到合适员工或合伙人来辅助自己创业。在了解了这一切之后，那些可能的资金来源又如何会对投资这样的企业感兴趣呢？②

---

① ［日］吉村慎吾.日本的创新：日本企业如何迎接第四次工业革命［M］.张培鑫，译.北京：人民邮电出版社，2018：前言.

② ［美］威廉·鲍莫尔，［美］罗伯特·利坦，［美］卡尔·施拉姆.好的资本主义，坏的资本主义：增长与繁荣的经济学［M］.刘卫，张春霖，译.北京：中信出版社，2016：220.

北京大学国家发展研究院院长姚洋认为："日本现在企业家越来越少，因为在日本一旦个人破产，就永世不得翻身，这不符合我们对企业家的认知。"缺乏宽容文化的后果就是企业会尽量追求稳健，避免失败。傅高义在《日本还是第一吗》中指出："很多日本人对风险投资的概念感到不舒服。索尼总裁盛田昭夫曾在二十年前告诉我，日本人不是赌徒。他们不介意谈风险，但不喜欢赌博。在很多日本人的想法中，风险投资很像赌博。"[①]

新加坡前总理李光耀则认为，日本人具有种族优越感，其社会内部组织非常严密，不会轻易吸引外国人融入他们。而美国人由于具有不同的历史，能够轻易地吸引不同文化、宗教的人才加入他们的企业团队。因此，日本和其他东亚国家要想同美国竞争，必须先改变它们的文化态度。

日本社会有着均质主义、表达委婉、集体决策等与众不同的特点，而新经济的本质是个性经济，精神实质和文化特征是崇尚冒险、创新、独立。在集团主义文化的长期熏陶下，日本人缺乏独立思考、独立行动的意识和能力，缺乏创新和冒险精神，这成为日本向新经济转型的桎梏。[②]

一个总是刻意强调自己不同，做事不遵循常规的人，在美国和中国都会被认为富于个性，比如乔布斯。在日本，这类人通常

---

① ［美］傅高义.日本还是第一吗［M］.沙青青，译.上海：上海译文出版社，2019：85.

② 尹小平，徐兴.集团主义文化与日本公司治理结构的内部化制度变迁［J］.现代日本经济，2014（6）.

会被认为是"自我中心"的人，很容易遭到冷遇或排斥。孙正义在中国很受推崇，但是在日本，他一直"毁誉参半"。因为孙正义做事特立独行，很多时候不那么守规矩，所以日本人对他的评价通常是"确实很会挣钱，但是和尊敬还是有些不同"。①

孙正义特别喜欢作家司马辽太郎写的《坂本龙马》。坂本龙马是土佐藩一个下级武士的次子，一生波澜万丈，最终完成了"将日本涤荡一新"的夙愿，31 岁时惨遭杀害。孙正义在美国时，把这本书读了一遍又一遍，在创办日本软银、将"信息革命"作为自己奉献终生的事业时，他还是在读《坂本龙马》。②

司马辽太郎曾提出，日本的政治家可分为受尊敬的政治家与受欢迎的政治家两类："丰臣秀吉胡作非为，可是大家都喜欢他。德川家康建立了江户体制，完成了政治家最重要的任务，可是日本人却对他敬而远之。如果你对日本人说，你像德川家康，那么你们一定会吵起来。要是说，你像丰臣秀吉，那他就难掩喜悦之情。"

现在的日本企业领导人，大部分都像德川家康，像丰臣秀吉的寥寥无几，可能也只有孙正义吧。傅高义曾提到，他在 20 世纪 50 年代认识的一些日本官员，会思考怎样建设一个现代化的日本，那是非常宏伟的计划，但是现在的日本官员变得更小气了，

---

① 张宏杰.简读日本史：独特的日本历史底盘与精神世界［M］.长沙：岳麓书社，2021：360.

② ［日］杉本贵司.孙正义传：打造300年企业帝国的野心［M］.王健波，译.北京：中信出版社，2020：146–147.

他们只聚焦一些眼前的小问题。

结果就是，在新经济领域，日本政府缺乏统一的大战略，导致风险投资基金发展困难，这样一个经济大国，只有几十只活跃的风险投资基金，实在令人不可思议。而日本财阀对本国风投机构的支持十分有限，甚至宁可支持外国的风投，也不支持本国的风投。1987 年，日兴证券对苏世民创办的黑石集团第一期基金投资了 1 亿美元。日兴证券是三菱集团的投资银行，而三菱集团是日本最大的财阀。

与世界上其他类似机构相比，日本政府养老投资基金也不够透明。2015 年，日本养老投资基金亏损了超过 5 万亿日元，但直到 2016 年 7 月，这个结果才公布。[①] 日本政府养老基金主要投资日本国债和大型企业集团，与欧美主流养老金对风险投资的支持力度相比，日本做得实在是太差了。

中国这些年通过大力发展政府引导基金等各种类型的母基金，源源不断地为风险投资机构输血，目前中国活跃的投资机构多达几千家，与中美两国风起云涌的新经济浪潮相比，毫无疑问，日本已经"帝国失格"。

---

① ［德］汉斯－尤根·雅各布斯.谁拥有世界：全球新资本主义的权力结构［M］. 吕巧平，译.北京：中信出版社，2020：40.

第二章
"两极"的世界

　　新经济时代的技术进步，本身无法确保更多的人过上好日子，巨大的经济隐患和收入分配不平等现象弥漫在当今世界每一个角落。虽然技术进步推动了经济发展，但更恶劣的生活环境还是可能出现。

　　全球正迎来历史上贫富分化最严重的时期，中美两国的科技巨头把消费者的大部分财富揽入怀中。孙正义和愿景基金就像投资界的"扳道工"，其对中美两国的巨额投资，改变了时代列车的走向，进一步促进了新经济大分流的国家分化，促使科技世界更加向中美两极化发展。

　　新冠肺炎疫情对本就扭曲的全球财富分配机制造成新的冲击，科技巨头依靠颠覆性技术与资本优势，反而获得了比以往更加庞大的财富，亚马逊创始人贝佐斯身家在2020年增长超过64%，而绝大多数传统公司都无法参与新经济时代的财富分配。疫情短时期内无法结束，很可能导致更为严重的贫富分化。

科技巨头是否有一天会取代民族国家？欧亚集团总裁布雷默认为不能排除这种可能性。他认为，脸书、苹果、谷歌、亚马逊等科技公司已经成为强大的、自主的参与者，并具备了地缘政治影响力。不过也有很多人并不认为这些公司将在可预见的未来取代民族国家。无论如何，关于科技巨头能否改变地缘政治的这场大辩论，本身就说明了它们已经强大到何种程度。

一场前无古人的疯狂实验

1908 年 6 月 30 日清晨，俄国西伯利亚森林通古斯河畔突然发出一声巨响，蘑菇云腾空而起，2 000 平方千米的森林被夷为平地。欧洲许多国家的人在夜空中看到了白昼般的闪光，甚至远在大洋彼岸的美国也感觉到了大地的抖动，这就是能量相当于广岛原子弹 1 000 倍的"通古斯大爆炸"。

陨石降落？球形闪电？彗星撞击？反物质爆炸？外星飞船坠毁？科学家们众说纷纭。不少人认为，有一个人要对通古斯大爆炸负责，他就是被称为人类有史以来最伟大的天才和发明巨匠的特斯拉。[①]

1985 年，美国密歇根州一个 12 岁的男孩阅读了特斯拉的传记之后哭了，他就是谷歌的创始人拉里·佩奇，后来他投资了好友马斯克以特斯拉名字命名的汽车公司。和他的偶像特斯拉一

---

① ［美］约翰·奥尼尔.唯有时间能证明伟大：极客之王特斯拉传［M］.林雨，译.北京：现代出版社，2015：前言.

样，佩奇对管理公司的兴趣不大，2001 年，他辞去谷歌 CEO 职位，着迷于一些未来主义的项目，比如飞行汽车。虽然佩奇比较"佛系"，但以谷歌为首的科技巨头，在近年掀起并购狂潮。

为了对抗硅谷巨头的凶猛进攻，2016 年，孙正义募集了规模高达 1 000 亿美元的愿景基金，远超当年全球所有风投基金 640 亿美元的募集规模。这场前无古人的疯狂实验，堪称风险投资界的通古斯大爆炸，余波至今未平，争议不断。

自从硅谷崛起以来，美国一直是风险投资规则的引领者和制定者。1993 年，年仅 47 岁的克林顿当选美国第 42 任总统，他把雄心壮志放在建设"信息高速公路"上，重塑了美国经济发展模式。发展新经济的重要推手——副总统戈尔，后来还成了老牌风投凯鹏华盈的合伙人。

有克林顿那样抱负和大格局的，还有两个来自中东的"冤家"——沙特和卡塔尔。2017 年，沙特宣布与卡塔尔断绝外交关系，除政治矛盾外，两国之间的战略竞争或许也是重要的隐性因素，比如它们都曾发布过国家版的"2030 愿景"计划。

在卡塔尔版的国家"2030 愿景"计划中，2022 年世界杯足球赛起到极大的促进作用，是这个计划中的重头戏。当然这个重头戏和中国男足是注定无缘的，早在 2015 年，卡塔尔世界杯组委会秘书长哈桑就已看透了一切，其在接受新华社记者专访时表示："中国对我们是一个很重要的市场，即使中国队届时没有晋级决赛圈，我们也会提供有力的策划来吸引狂热的中国球迷。"这时距离中国男足国家队在卡塔尔世界杯预选赛上的彻底失败还有整整 6 年。

沙特版的国家"2030 愿景"计划，和孙正义关系密切。孙正义非常敬仰幕府时代末期的志士坂本龙马，他一直在认真地思考，要建立比江户幕府持续时间更长的"300 年企业帝国"。正当孙正义开始为钱烦恼时，沙特王储萨勒曼出现在他的面前。

2016 年，孙正义前往东京赤坂的迎宾馆，拜访了这位年轻的改革家。这是沙特王储第一次来日本，孙正义只有 10 分钟时间，于是他使出了自己的看家本领——"吹牛"。面对有着一副没睡醒似的表情的王储，他直接来了一句："阁下，您难得来一次日本，空着手回去未免太可惜了，我想送给您 1 万亿美元。"孙正义讲了空前绝后的投资基金构想，他想设立总额为 1 000 亿美元的巨型基金，会谈最终持续了 45 分钟。随后他们达成协议，在 5 年内软银出资 250 亿美元，沙特出资 450 亿美元，剩余部分由苹果、高通、夏普、富士康及其他资金填补。①

虽然愿景基金的主要投资方是沙特主权财富基金，但其在东京运作，它标志着一个新时代的到来——硅谷资本和初创公司不再一手遮天了，创始人们在把公司卖给谷歌、亚马逊、苹果和脸书等之外又多了一个新的选择，且愿景基金提供的巨额投资让他们有机会与这些巨头竞争。愿景基金正在撼动硅谷风险投资的惬意世界，迫使它们走出自己的舒适区。硅谷最著名的风投公司红杉资本，为了对抗愿景基金，正在展开自成立以来规模最大的

---

① ［日］杉本贵司.孙正义传：打造300年企业帝国的野心［M］.王健波，译.北京：中信出版社，2020：85–86.

募资。

愿景基金对全球投资格局产生了巨大影响：它对中国和美国科技公司的大额投资，进一步促进了新经济大分流的国家分化，促使科技世界更加向中美两极化发展。在它投资的近百个公司中，有很多来自亚洲的创业公司，包括字节跳动、阿里巴巴、商汤科技，以及印度连锁酒店 OYO、东南亚地区最大的网约车平台 Grab 和印尼电商平台 Tokopedia 等。愿景基金对中国和东南亚地区的大额投资，极大地促进了这些地区创业公司的发展，而直到2021 年，愿景基金才第一次投资日本企业。

私募股权基金在投资前对尽职调查极为重视，一般都会聘请专业商业调查公司进行详尽的第三方调查。对这些机构来说，一个关键项目能否成功，不仅涉及数亿美元，甚至关系到它们后续的募资成败。然而对孙正义来说，好像并不需要这么复杂，他习惯于在初次见面后就开出令人瞠目结舌的支票。如果创始人拒绝投资，他就会祭出招牌武器："如果不接受投资，我就把钱砸向你的竞争对手。"

愿景基金往往用数亿美元的资金"武装"创始人，并敦促他们以极快的速度烧钱，吓退竞争对手，从而快速孵化出"独角兽"级别的科技公司。孙正义的投资风格是要么迅速做大，要么卷铺盖回家，在他看来，大额资金意味着巨大的战略优势：没有人愿意与一个疯子挑事打架！孙正义第一次见到 WeWork 创始人纽曼时问他："在一场争斗中，是聪明人会赢，还是疯狂的人会赢？""疯狂的人。"纽曼回答说。"你答对了"，孙正义接着说，

"不过，你还不够疯狂。"

这种模式似乎一直很有效，直到对共享办公空间 WeWork 的重大投资遭遇戏剧性的失败。孙正义第一次对 WeWork 投资，估值就达到 200 亿美元，后来又将其估值抬到惊人的 470 亿美元，而最终在纽交所上市时，其估值仅为 90 亿美元，这次的投资成为风投史上最著名的失败案例。不过对孙正义来说，在他 300 年的展望里，这些眼前挫折终将变成无关紧要的小插曲。他曾经说过，回顾人生前 60 年，遗憾的是"过分注重日常事务，还没做过真正宏大的构想"。

真正对孙正义构成威胁的，是风险投资界的铁律：基金规模和收益成反比。一些头部基金每年坐收巨额管理费，收益反而不如垂直领域的黑马基金，这引起了出资人的不满。由于愿景基金的超级规模，再加上孙正义希望出资人能够开出更大金额的支票，所以其将管理费定为 1%，虽然看似不多，但 1% 就意味着每年几亿美元、12 年存续期共计超过几十亿美元，到 2019 年年底，出资人已经支付了大约 7 亿美元的管理费。

截至 2020 年年底，愿景基金已经投资了 800 多亿美元，获得约 80 亿美元的净收益，大部分是投资项目估值上涨带来的"账面收益"。但账面价值很容易提高，而投资人一般不愿意减记资产，毕竟在私募股权市场上，公允价值是容易被操纵的游戏。洛杉矶私募股权基金公司 CEO 希弗将这种财务操作手法嘲讽为"独角兽色情文学"。

一些出资人似乎已经做出了自己的选择：由于沙特主权财富

基金出资并不积极，原本规模高达 1 080 亿美元的愿景二期基金，最终规模可能缩水到 500 亿美元左右。即使总规模大幅缩水，愿景基金仍是世界上最大的投资基金，唯一的敌人从来就只有它自己。

对存续期长达 12 年的愿景基金来说，现在要全面评价其功过还为时尚早，但它在亚洲尤其是中国押下重注，也预示着风险投资的主战场将是美国和中国。风险投资界的标杆人物李开复断言："人工智能时代的世界秩序将会兼具两大特点，一个是赢家通吃的经济模式，另一个是财富空前集中在中美少数几家公司手中，留下其他国家捡拾残羹剩饭。"①

在千禧年，世界上最大的 50 家 IT 公司中，只有 4 家欧洲公司，9 家日本公司，而美国拥有 36 家。《经济学人》（又译《经济学家》）杂志认为，欧洲和日本可能比美国获益更多，因为第二推动者能够等待观察，摘取最好的果实，避免美国公司的错误。②《经济学人》显然错估了形势，第二确实具有后发优势，但赶上美国的并不是欧洲和日本，而是当时被西方忽略掉的中国。除了美国之外，几乎只有中国能批量产生超过 100 亿美元市值的新经济公司，一个两极化的科技世界正渐行渐近。

---

① ［美］布拉德·史密斯，［美］卡罗尔·安·布朗.工具，还是武器？直面人类科技最紧迫的争议性问题［M］.杨静娴，赵磊，译.北京：中信出版社，2020：255.

② ［英］费什波恩.2001 年的世界：英国《经济学家》年度全球观察特辑［M］.吴业军，李兆平，孙晶，等，译.北京：生活·读书·新知三联书店，2001：15.

地球上最大的专制"国家"

世界最知名的科技巨头，正在进行一场豪华新总部的军备竞赛，这些新总部有一个共同特点：它们都像"广场"一样有着巨大的公共空间，摒弃了"高塔"一样垂直的纵向建筑和体制。

脸书的中心大楼是世界上最大的开放式办公室，设计初衷就是创造机会，让员工们在公共空间以及 36 400 多平方米的屋顶花园中不期而遇。苹果宇宙飞船一样完美造型的建筑造价 50 亿美元，是地球上有史以来最昂贵的公司总部，这艘"飞船"只有4 层楼高，它水平结构的建筑形态，代表了科技公司远离华盛顿摩天大楼所象征的高高在上的等级制度。

过去这些豪华建筑只与经济相关，现在与政治已经密不可分。2015 年，白宫首次任命了首席数字媒体官，奥巴马是第一个"真正社交"的总统，特朗普是第一个"推特治国"的总统。即使是美国总统、副总统或者是部长，只要他想站稳脚跟，那他就不能绕过硅谷，因为老的权力基础是华尔街，而硅谷才是美国新的权力基础。

随着科技巨头和政府之间权力格局的改变，科技巨头对发表政治言论表现出更大兴趣，在诸如英国脱欧、保护个人隐私和美国总统大选等问题上表明了政治立场，这标志着历史上多年来通常保持中立的企业公开向政府发起了挑战。[①] 著名政治学者弗朗

---

① ［美］露西·格林.硅谷帝国：商业巨头如何掌控经济与社会［M］.李瑞芳，译.北京：中信出版社，2019：42.

西斯·福山警告："数字平台不断增长的政治权力，就像是一把上了膛的手枪，正在指着我们。"

扎克伯格曾经说："在很多方面，脸书更像一个政府组织，而不是传统的公司，我们比其他科技公司更善于制定政策。"有人说，扎克伯格不仅想统治公司，还想一统全球不断发展的通信基础设施，甚至有人大胆猜测，他可能会考虑竞选美国总统。[①] 2012 年脸书上市的时候，扎克伯格已经证明他的权力意识有多强，他坚持有权在他去世之前决定他的继任者。虽然目前这一条款已经修改，但通过大量表决权股票，他依然可以随意控制脸书。[②]

地球上最大的专制"国家"——这是美国媒体对脸书的最新评价。2021 年夏天，脸书的月活用户达到 29 亿，比中国和印度人口的总和还多。美国最新民调显示，超过 3/4 的美国人认为，脸书正在让美国变得更糟糕。近半数受访者表示，他们认识的人会因为脸书提供的内容而相信阴谋论，尤其是年轻人。

转折点是 2016 年美国大选，脸书在散布虚假信息与仇恨偏见、数据隐私滥用等问题上接连触礁，终于从硅谷偶像跌落凡尘。它让多达 8 700 万名用户的个人信息落入剑桥分析公司手中，向毫不知情的选民精准投放虚假信息。

---

① ［英］尼尔·弗格森. 广场与高塔：网络、阶层与全球权力竞争［M］. 周逵，颜冰璇，译. 北京：中信出版社，2020：372.

② ［德］汉斯-尤根·雅各布斯. 谁拥有世界：全球新资本主义的权力结构［M］. 吕巧平，译. 北京：中信出版社，2020：624.

2018 年，英国议会下院一个委员会公布"证据"，显示剑桥分析公司助力特朗普竞选活动，而脸书天使投资人彼得·蒂尔是硅谷唯一支持特朗普的精英，这让这家社交媒体声誉跌到谷底。媒体、政府以及公众戏剧性地转变了态度，开始反对那些似乎突然之间就主宰了人们日常生活的大型科技公司。在遭到抨击的美国西海岸科技巨头中，大家冷嘲热讽和担忧最多的就是脸书，人们认为，是扎克伯格让科技界失去了曾经笼罩在头顶的光环。[①]

2021 年 1 月，推特永久封停特朗普的账号，特朗普长达 4 年的"推特治国"时代宣布终结。特朗普在总统账号上写道："推特在禁止言论自由上走得越来越远了。今晚将我的账号从其平台上移除，让我还有你们这 7 500 万支持我的伟大爱国者沉默。"然后，这条通过美国总统官方账号发出的推文，很快也被删除。推特和脸书永久封停特朗普的账号，让最强大国总统瞬间"社会性死亡"。

科技公司正变得比政府更强大，越来越多地按照自己的方式塑造世界。它们的触角早已超越生活方式的范畴，已经具备了超越一般国家的实力，不次于当年如日中天的东印度公司。2017 年，苹果现金储备超过了英国和加拿大的总和。在 2019 年世界各国GDP 的排名中，能够超越苹果市值的只有 7 个国家。科技巨头已经跨越了国境和产业之间的壁垒、跨越了网络世界和现实世界

---

① ［美］史蒂文·利维.脸书：一个商业帝国的崛起与逆转［M］.江苑薇，桂曙光，译.北京：中信出版社，2021：484.

的边界、跨越了地球和太空的边界，开始提供诸如太空旅行之类原本应当由国家提供的服务。

脸书更希望通过天秤币项目，成为数字世界里同时掌握铸币权和信贷权的超级银行，开始推进自己的"元宇宙"，并且正式更名为"Meta"。脸书的信息整合能力甚至让政府和军事情报部门望而生畏，它正在从根本上颠覆许多国家管理信息、控制媒体和获取情报的制度和模式。[①]

孙正义曾有过用输电网络连接整个亚洲的"亚洲超级电网"构想，很多人都觉得不靠谱，但这至少还是地球上的事儿，而彼得·蒂尔、马斯克和贝佐斯考虑的已经超出了地球范围，蒂尔成了马斯克创立的太空公司SpaceX（太空探索技术公司）的主要投资人，有着强烈天命意识的硅谷领袖，已经下定决心要超越工业和商业，改变我们已知的生活和未来。

2020年8月，亚马逊公司创始人贝佐斯，成为全球第一个净资产超过2 000亿美元的人，他投入更多精力到蓝色起源公司，准备和马斯克打一场决战于星辰大海的"战役"。2021年7月20日，贝佐斯与其他三名乘客搭乘蓝色起源的火箭，越过海拔100千米高度的"卡门线"，首次进入真正的太空。马斯克对类似"亚轨道旅游"的所谓太空项目不屑一顾，因为他心中的目标是"推动人类向多星球文明的跨越"，那些在太空中停留10分钟的旅游项目，在他看来除了能赚点儿富豪的钱，没有任何实质

---

① 向松祚.新资本论：全球金融资本主义的兴起、危机和救赎［M］.北京：中信出版社，2015：31.

推动作用。

2021 年年底，马斯克卖掉他最后一套豪宅，搬到从 SpaceX 公司租的一栋价值 5 万美元、只有 37 平方米的房子里。对于卖掉房产，马斯克表示："这是为了自由，我不需要现金，我把自己献给了火星和地球。"

微软算是一个数字国家吗？它有国务卿吗？微软首席律师史密斯领导的微软"外交部"，部门规模与一个中型国家的外交部相当，在 56 个国家设有办事处，其 1 500 名员工定期向微软总部汇报。史密斯像一国外交部长那样频繁出访，在一年里访问了 22 个国家，会见了 40 个政府代表。2017 年，史密斯提出了《数字日内瓦公约》，遭到批评者的质疑：微软及其他科技巨头，作为国际舞台独立参与者的合法性从何而来？

尽管如此，一些国家仍开始以更灵活的方式应对新时代的挑战：2014 年，时任英国首相卡梅伦设立了一个特殊外交职务，后来成为"美国科技公司特使"；从澳大利亚到法国，其他国家政府也采取了类似的行动。2017 年，卡思珀成为丹麦任命的首位科技大使，负责丹麦政府与世界各地科技企业的联系。他的"大使馆"有 20 多名员工，分散在三大洲，美国、中国和丹麦都有工作人员。

为什么短短 20 年时间，科技巨头就突然强大到如此程度？强大到好像地球已经容不下它们的雄心壮志？

美国学者哈维曾提出"时空压缩"的概念："资本主义的历史具有在生活步伐方面加速的特征，而同时又克服了空间上的各种障碍，以至世界有时显得是内在地朝着我们崩溃了。"① 究竟是什么力量压缩了我们的时空，给历史的飞船装上了"曲速引擎"？

新经济的资本化是其中的关键：越来越多的科技公司快速上市，积累了巨额的财富，不断用投资和并购扩展自己的边界。它们通过投资、合作，把小公司圈定在自己的联盟中，或者直接凭借合谋、排他性协议、抄袭等手段压死那些潜在威胁，破坏竞争和创新。任何对它们有威胁的公司，都会第一时间被以超乎想象的价格收购，从2004年至2020年，脸书兼并的公司超过了65家，光是为一家仅有50名员工、成立5年的公司WhatsApp，就投入了将近200亿美元。

扎克伯格的并购风格深受他的天使投资人蒂尔的影响。与痴迷于企业间竞争的大多数经济学家不同，蒂尔最核心的投资价值观就是"追求垄断"。蒂尔眼中只有两种公司，第一种是垄断的公司，公司的利润非常高；第二种公司进行疯狂的竞争，结果很难把业务发展好。他认为每个成功的垄断企业，都是靠解决一个独一无二的问题获得垄断地位的，而企业失败的原因也相同——它们都无法逃脱竞争。②

巨额资本的加持，让科技公司进化得更强大，就像《侏罗纪

---

① ［美］戴维·哈维. 后现代的状况：对文化变迁之缘起的探究［M］.阎嘉，译.北京：商务印书馆，2013：300.

② ［美］彼得·蒂尔，布莱克·马斯特斯. 从0到1：开启商业与未来的秘密［M］.高玉芳，译.北京：中信出版社，2015：43.

世界》中经过基因改造的"暴虐霸王龙"。在愿景发布会的演讲接近尾声时，孙正义突然说："我想在30年内，让集团旗下的企业增加到5 000家。"他想组建一个乍看没有任何关系的公司群，让它们彼此的"DNA"发生碰撞，从而诞生出更强的纯种马。①

在这种策略下，孙正义投资的很多公司后来都发生了"可怕的进化"，这些资本创造出来的"新物种"一旦冲出笼子，看到外面的世界，就要大开杀戒，确定自己在食物链中的位置。它们不断征伐扩张，利用垄断策略打击对手，再加上网络效应的支持，发展得比传统企业更迅猛。

除了新经济的资本化，科技巨头在这20年的突然崛起，还有一个重要的原因——全球化。全球化使新经济技术扩散的速度加快，但在许多发展水平欠佳的地方，公众和个体的注意力都集中在吸引硅谷公司，而不是培育当地的科技企业家。发展中国家的成功企业家甚至不能与他们的总统或总理见面，然而这些国家的领导人却经常会见西方企业CEO，寻求短期的外商直接投资。在中东、亚洲、非洲、拉丁美洲都有这样的心态。②

全球化的赢家越来越有能力改写全球化，以牺牲他人利益为代价来使自己受益。利用各国税率差异进行避税已是屡见不鲜，尤其是欧洲，已经成为美国科技巨头避税的"重地"。像苹果这

---

① ［日］杉本贵司.孙正义传：打造300年企业帝国的野心［M］.王健波，译.北京：中信出版社，2020：68–69.

② ［美］萨提亚·纳德拉.刷新：重新发现商业与未来［M］.陈召强，杨洋，译.北京：中信出版社，2018：265.

样聪明的企业可以借此避免数十亿美元的税收，荷兰公布的监管备案文件显示，谷歌 2016 年将 159 亿欧元转移到百慕大群岛空壳公司，以此省下 37 亿美元巨额税款，占到了荷兰当年国民生产总值的近 5/1 000。

科技巨头的崛起还有一个隐藏的因素，就是它们之间的"合谋"。在外界看来，主流科技巨头之间的竞争你死我活：在电影和音乐领域，苹果和亚马逊冲突不断；谷歌和苹果为手机操作系统打得不可开交；而亚马逊虽然是谷歌最大的广告主，但在搜索领域同样威胁到了谷歌……为了能完全主导社会生活，这些巨头好像正在上演史诗般的对抗。

但还有不为一般大众所知的另一面，即它们之间有时也会互相暧昧地紧密合作，甚至会帮助彼此巩固垄断地位。这种亲密无间从资产负债表中也可见端倪：谷歌每年付给苹果 10 亿美元，好让苹果用自己的搜索引擎。就跟 19 世纪的欧洲列强一样，公司之间基本上都井水不犯河水，只在帝国边缘竞争。[①]

硅谷巨头在很长一段时间内都有一个"潜规则"：互不挖角，"互不挖角协议"限制了员工转职的自由，压低了员工的薪水，是美国司法部追究的违法行为。但这并不能阻止科技公司的高管们通过口头协定、邮件交流的方式，对这个潜规则进行确认、追问，甚至以专利打击的形式进行威胁。

2011 年，6.4 万多名硅谷高技术公司雇员提起集体诉讼，指

---

① ［美］富兰克林·福尔.没有思想的世界：科技巨头对独立思考的威胁［M］.舍其，译.北京：中信出版社，2019：21.

控苹果、谷歌、英特尔和 Adobe 在 2005 年到 2009 年间达成秘密协议，旨在压低薪资，避免招募对方员工，致使这些公司雇员的工作流动和收入受到影响。原告方要求 4 家公司赔偿损失金 30 亿美元，最终双方在 2014 年达成 3.24 亿美元庭外和解方案。

中国某些科技巨头，并没有比这些硅谷同行更有底线。长期以来，国内反垄断执法机构并没有对"互不挖角协议"是否违反《反垄断法》展开调查或制定规章。国内科技巨头间这样的潜规则并不少见，尤其是在存在投资关系或共同投资方的互联网公司之间。

尽管这些科技巨头已经惹起了众怒，但它们的投资人不以为意。孙正义在接受采访时表示："当然，这些大公司的行为必须确保合理，但在我看来，它们目前还是合理的。越来越多创业公司有自己的机会，大量的机会，不用有什么抱怨。"

财富的"奇点"临近

当马斯克成为历史上第一位资产超过 3 000 亿美元的首富时，联合国世界粮食计划署署长发了条推特："为了庆祝这个成就，我给你提供一个可以吹一辈子的慈善机会：捐款净资产的 2%，也就是 66 亿美元，让 4 200 万人摆脱饥饿问题。"

联合国"逼捐"全球首富，迅速在世界范围内引发喧嚣，不论联合国公开"薅羊毛"的行为是否合理，都不能掩盖一个事实：对极端的贫富差距，人们已忍无可忍！一些不太富裕的旧金山市民，为了抗议发展机会和收入被严重剥夺，甚至真的开始向谷歌巴士扔石头。

2012 年，时任白宫经济顾问委员会主席克鲁格在演讲中呼吁人们关注不平等同社会流动性之间明显的逆向关系：不平等越严重，社会流动性越弱。该现象很快被冠以"了不起的盖茨比曲线"而广为人知。

两年后，法国经济学家皮凯蒂的《21 世纪资本论》登上亚马逊书店的榜首。这位"小地方来的马克思主义者"给出了一个预言：资本积累的力量必将创造出一个极端不平等、极端不流动甚至极端不民主的社会。有评论写道："人们之所以疯狂地购买这本书，并不是因为他们有兴趣深入研究贫富分化的经济学问题，而是他们渴望知道自己为什么贫穷！"

皮凯蒂探讨了导致过去半个世纪收入和财富不平等扩大的主要因素，但他的论述存在一个严重缺陷：没有足够重视新经济技术变革及其推动的全球化在过去几十年中对不平等扩大的影响。

2017 年年底，《自然》杂志发表了一份大规模考古研究，主题是从原始社会至今，财富差距是如何变迁的。研究者在分析了世界各大洲 63 个考古遗址后，得出的结论非常惊人：人类生产与生存技术的每次飞跃，都带来财富差距的显著扩大。也就是说，如果我们把人类社会组织方式的变化也看成创新，那么不管是技术创新还是组织方式创新，在历史上都造成了财富差距加大。

美国未来学家库兹韦尔在畅销书《奇点临近》中颇具想象力地提出，技术发展一旦趋近极限就会撕裂历史，引发前所未有的大变化，而这个过程很可能在 2045 年就能实现。技术是否会在 2045 年突破"奇点"不得而知，但当全球 1% 的富豪掌握了 50% 财富的时候，当美国"占领华尔街"运动的年轻抗议者喊出"那 99% 的群体"的口号时，财富的"奇点"已经悄然临近。

个人贫富差距在 21 世纪突然扩大，重要原因之一是公司间的差距在扩大。如今最赚钱公司的回报约为中间水平的 10 倍，而在 20 世纪 90 年代这一差距仅为 3 倍，这种差距推动了公司所有者财富的增长。科技公司上市或者被并购后，股东和高管们收获了大量的财富，随之而来的是一个新财富阶层的崛起。

在 2021 年福布斯全球富豪榜上，前 10 位中有 7 位来自美国的科技巨头企业。科技富豪在亚洲各国的财富排名也在不断攀升，Kakao 创始人金范洙力压三星电子副会长李在镕，成为韩国首富，新加坡首富则换成了东南亚最大互联网公司冬海集团的创始人李小冬。

纽约大学斯特恩商学院教授摩达兰的研究表明，科技型企业以超乎传统企业的速度经历其生命周期，以传统企业 7 倍的速度成长并衰退。[①] 通用电气达到 1 000 亿美元市值用了 100 年，IBM 用了 50 年，苹果用了 30 年，谷歌用了 10 年，而脸书只花了不到 5 年。如此惊人的财富积累速度甚至不符合加速度定律。仅在 2013 年到 2017 年期间，脸书、苹果、谷歌和亚马逊这四家科技巨头的财富就增长了约 1.3 万亿美元，相当于俄罗斯全年的

---

① ［美］斯科特·加洛韦. 互联网四大：亚马逊、苹果、脸书和谷歌的隐藏基因［M］.郝美丽，译.长沙：湖南文艺出版社，2019：79.

生产总值。①

　　即使在互联网泡沫破裂之后的几年，硅谷依然过得不错，谷歌上市，脸书和其他社交媒体发展迅速。然而，仅仅在硅谷以东 40 多千米，人们的生活并不好，尤其是当他们唯一的资产——房屋跌去一半价值之后。2011 年春天，美国总统候选人罗姆尼来到硅谷寻找支持者，他造访了脸书的天使投资人蒂尔在旧金山的家，蒂尔给了他一个预测："最悲观的候选人将获胜，因为如果你过于乐观，那就表明你不接地气。"

　　同样还有人认为，人工智能的浪潮席卷了全球经济，任其发展会让全球的财富分配不平等达到无可挽救的程度，实力薄弱的国家只能沦为超级大国的附属。随之而来的个人危机是，它们有潜力撬开更大的贫富差距，引起大范围的技术性失业。未来由技术导致的财富与阶层上的悬殊可能演变为更深刻的裂痕：撕裂社会结构、挑战我们的人格尊严。②

　　人工智能逐渐显露出其强劲的发展势头，即使在很多高端职业竞技领域。IBM"深蓝"电脑在 1997 年击败了传奇人物——世界象棋冠军卡斯帕罗夫，这是国际象棋冠军第一次在比赛中被机器击败。从此，欧美传统的顶级人类智力游戏国际象棋，在电脑面前一败涂地。

　　后来，谷歌的"阿尔法围棋"成为第一个战胜世界围棋冠军

---

① ［美］斯科特·加洛韦 . 互联网四大：亚马逊、苹果、脸书和谷歌的隐藏基因［M］. 郝美丽，译 . 长沙：湖南文艺出版社，2019：6.

② 李开复 . AI·未来［M］. 杭州：浙江人民出版社，2018：172.

的人工智能机器人，2016 年，它以 4∶1 的总比分战胜世界围棋冠军李世石。"阿尔法围棋"还曾在中国棋类网站上以"大师"为注册账号与中日韩数十位围棋高手进行快棋对决，连续 60 局无一败绩……

如果用分数来衡量围棋水平的话，人类职业选手的水平分在 2 000~3 000 分，而目前人工智能的水平分在 5 000~6 000 分。研究人员认为，人工智能的上限甚至可以突破 10 000 分，这显然已远超人类智慧的极限。很多人类职业棋手被人工智能碾压之后失去了信心。"我失去了斗志"，卡斯帕罗夫在退出最后一场比赛时说。2019 年，36 岁的李世石向韩国职业棋院提交辞呈，结束了职业棋手生涯。他在接受采访时说："随着人工智能在围棋领域的出现，我意识到，即使通过不懈努力成为第一名，也并不意味着登上巅峰。"

我们当然不能因此就说国际象棋和围棋再无意义，但是作为职业棋手的职业价值和动力已然崩塌。职业选手尚且如此，普通人只会更难，未来离不开人的高端职业会越来越少。美国的情况也是如此，在硅谷所在的旧金山湾区安家的亿万富豪，比世界上任何其他大都会区的富豪人数都多，出乎意料的是，湾区的贫富差距之大高居榜首。随着高科技行业的兴盛，不平等现象加剧，加州街头的流浪汉比所有其他州的都多。①

在蒂尔看来，不平等正以一种古怪的方式不断增长："20 世

---

① ［以色列］纳达夫·埃亚尔. 逆流年代［M］. 吴晓真，译. 长沙：湖南文艺出版社，2021：297.

纪70年代，我不认识任何百万富翁，百万富翁意味着非常富有，不同寻常。在20世纪80年代末的斯坦福大学，有一些人更富有一些，但要是有2 000万到3 000万身家，那简直富可敌国了。然而年复一年，不知怎的，这个数字越来越高了。"①

过去几十年，不少国家为了吸引国际资本，纷纷降低资本税率，给跨国公司与富豪提供了极大的避税便利。资本在全球范围内自由逐利与"合理"避税，劳动者则被限制全球流通，在本地实打实地纳税，劳资收入差距持续扩大，加剧了全球贫富分化的程度。

2021年6月，新闻调查机构披露了一个报告，包括马斯克、贝佐斯和布隆伯格在内的25个最富有的美国人，在2014年至2018年期间只支付了相对较少的所得税，有时甚至没有。他们的集体净资产在这一时期增加了4 010亿美元，所交的所得税为136亿美元，"真实税率"仅为3.4%。而同期收入在7万美元左右的美国普通家庭联邦收入税率为14%，收入超过62万美元的美国家庭最高联邦收入税率则达37%，这立刻在美国再次引发关于"富人税"的讨论。

2021年7月，二十国集团会议公告宣称，已就更稳定、更公平的国际税收框架达成了历史性协议。会议达成了"双支柱"成果：重新划分跨国企业征税权，设定全球最低企业税率。这对富豪利用全球跨地区避税来说无异于釜底抽薪。

---

① ［美］乔治·帕克.下沉年代［M］.刘冉，译.上海：文汇出版社，2021：245.

美国政府内部不少人士也开始担心公司的财富和权力已经集中到了反民主的程度，如果不能制止这种趋势，那么最终将由贫富不均引发更激进、更民粹的要求。美国财政部部长沃伦在推特上对这份报告做出了回应："我们的税收制度是被亿万富豪操纵的，现在是在美国征收富人税的时候了。"

问题在于，这些神通广大的超级富豪会坐以待毙吗？由于向富人加税是早在拜登竞选时就提出的口号，因此不少富豪在拜登胜选后就开始着手考虑用增加慈善捐款等方式避税。

好在不是所有的富豪都这么"鸡贼"，2010年，股神巴菲特和比尔·盖茨等人发起了"捐赠誓言"运动，号召全球亿万富豪捐出一半以上的个人财富回馈社会，包括扎克伯格、马斯克等200多位富豪都已宣布加入。尽管作为一个并不具备任何法律效应的宣言，其对富人的约束更像是意识上的，并且怀疑论者认为富人们愿意如此阔绰地抛金撒银，说到底还是为了避税，但至少人们看到了解决各种全球性问题的希望。

一些硅谷科技公司还在筹划"无条件基本收入"政策，希望政府从社保中取出部分配额作为市民的基本收入。扎克伯格、马斯克等人都是这个政策的支持者，但反对者认为这不是福利，而是在培养社会懒虫，削弱人们的工作动力。著名投资人罗杰斯相信，即使没有经济学知识基础的人，也会对这个政策倍觉诧异、倍感疯狂。他对此深感痛心："现在的西方世界，已经进入了所谓'后工业化时代'，人们热衷于议论的话题，早已不是如何拼命，如何努力，而是如何'佛系'，如何享受'小确幸'。

更糟糕的情况是，那些依然有心竞争、依然愿意拼死劳作的人看到他们的果实被'小确幸'们轻易享受时，会有什么感觉？不出意料的话，他们也会逐渐变得'佛系'起来，无心竞争、无意劳作。因此，消灭竞争与胜负，让所有人均能轻易获胜的观点看似极度人性化，其实却是不折不扣地扭曲人性甚至泯灭人性，而'基本收入'理论的本质，就是这样一个东西，实在是愚不可及。"①

尽管有很多反对声音，有些国家还是已经开始做小范围的试验，但对政府来说钱从哪里来是很大的挑战。由于这项政策过于"乌托邦"，目前还没有太大进展。

中国的解决方案是"共同富裕"。和什么都不用干就能拿钱的"无条件基本收入"相比，"共同富裕"更加务实靠谱，专门提出要提高"低收入群体增收能力"，体现了"授人以鱼不如授人以渔"的古老中国智慧。

长江商学院院长项兵认为，美国在三次分配上所独有的强大的慈善、捐赠和公益文化以及相对比较成熟的民间社会，对缓冲收入和财富分配不均确实起到了重要的积极作用。中国的"共同富裕"长期目标，要求企业从战略定位上，重新认识及界定新时代下的企业社会责任、社会功能以及社会目的，在未来的社会创新中扮演积极重要的角色。

一些互联网公司已经开始积极响应"共同富裕"的号召，

---

① ［美］吉姆·罗杰斯.危机时代［M］.南勇，译.长沙：湖南文艺出版社，2021：247–248.

充分发挥企业在"三次分配"中的主观能动性，在助力共同富裕方面进行持续探索。腾讯投入 500 亿元启动"可持续社会价值创新"战略，随后再次增加 500 亿元启动"共同富裕专项计划"。阿里巴巴宣布将于 2025 年之前累计投入 1 000 亿元，与全社会共享发展成果，助力推动共同富裕。京东集团创始人刘强东捐赠价值超过 23 亿美元股票，用于教育、环保等社会公益事业。

财富不均等问题的出现，既有新经济发展的规律性原因，也有现有制度的缺陷性原因。纵观全球范围内的各种解决方案，没有一种是单靠哪个国际组织、政府、企业或者非政府组织就能快速实现的，在一段历史时期内，贫富差距不可避免地还要继续扩大。

日本社会向来以中产阶级居多、贫富差距较小为傲，但《下流社会》的作者三浦展有感于日本社会的个人收入、学历、生活需求等差距越来越大，指出当今的日本正在从"中流社会"向"下流社会"转变。日本年青一代源源不断加入的"下流社会"，其最大特征并不仅仅是低收入，更在于沟通能力、生活能力、工作热情、学习意愿、消费欲望等的全面下降，也就是中国年轻人所说的"躺平"。

在全球化的今天，"下流社会"的现象已非个别发达国家所独有，下流阶层的出现对任何向往建设和谐社会、实现可持续发展的国家来说其实都是灾难，因而也很值得我们关注和警惕。如何应对社会结构的失衡、如何消除贫富分化，也许会成为一个旷日持久的系统工程。①

北京唐家岭的"蚁族"和深圳的"三和大神"群体，都曾引发高度关注，新经济时代的剧烈变迁，对社会经济制度、城市管理模式都提出了新的挑战，如何让这些群体找到未来的出路，是决策者和全社会都需要思考的问题。

人人都想成为先富者，残酷的现实是，没人能靠着工资成为超级富豪，只有逐渐升值的股权才能创造超级财富。美国股权众筹平台 AngelList 创始人有句名言：出租时间不能致富，你必须拥有股权，才能获得财务自由。面对新经济洪流的冲击，究竟如何才能成为先富者或者至少不落后于时代？

第一个方法，就是增加资本收入。新经济资本时代造富速度远超人类历史任何时期，劳动收益和资本收益的差距越来越大，增加资本收入是最顺应时代逻辑的选择。有利的因素是，现在是中国创业环境最好的时期，无论是谁，成为创始人都不再遥不可及，但创业之路又极为艰险，对个人综合素质要求极高。创业成功概率不超过 1%，超高风险注定了这是一条少有人走的路。

第二个方法，就是加入科技巨头。这些巨头通过股权和期权，为全球数百万的家庭提供了经济保障，为他们创造了一个美好的世界。2021 年，腾讯拥有超过 10 万名员工，人均月薪超过了8 万元。但加入巨头的门槛也越来越高，即使有幸加入其中，科技公司以传统企业 7 倍的速度成长并衰退的规律，决定了人们衰

----

① ［日］三浦展.下流社会：一个新社会阶层的出现［M］.陆求实，戴铮，译.上海：上海译文出版社，2018：译序.

退的速度也在变快，35 岁成了很多互联网人迈不过去的一道坎。很多人，只用了前半生的时间，就走完了过去父辈们一生的职场之旅。

2021 年年底，国内互联网公司掀起了一场裁员风暴，比例甚至达到 20% 以上，巅峰市值高达 500 亿美元的公司轰然倒塌，短时间裁员数万人的情景上演。在艰难转型的人潮中，不乏一些清华大学、北京大学等顶级名校的毕业生。

在硅谷，蒂尔的一个年轻朋友描述了他在耶鲁大学新生介绍上的见闻，那里的教务长告诉新生："恭喜，你们的一辈子都稳妥啦。"——人永远不应该认为自己的一辈子都稳妥了。

这是一个充满不确定性的时代，几乎所有的行业都在不断进化，我们之前看到的是结果，现在看到的是过程，维基百科每天都在完善，人工智能不需要休息，在我们睡觉的时候依旧在学习进化。不管你多大年纪，处在人生哪个阶段，总会有新的东西出现，所以我们要永远处于学习的状态。

第三个方法，用"降维打击"对抗"时空压缩"。越来越多一线城市的年轻人，选择去二、三线城市生活。在一线城市被裁员的"大厂"员工，在二、三线城市有可能是不可多得的稀缺人才，大城市顶级公司的视野和格局，是最大的本钱。

最后，如果我们能心平气和地接受贫富差距，那么无论身家多少、从事何种职业，我们都可以获得内心充盈。年薪几百万甚至上千万的精英是媒体的宠儿，频繁出现在飞机场、高铁站和写字楼等几乎所有主流的工作场景，让大多数人更焦虑。残酷的是，互联网原始积累已经完成，未来会越来越难，如果不能改变外在环境，那么也许我们可以换个心境，衡量人生的标准不应该只有财富，每个人都可以有自己的活法，用不同方式活出属于自己的精彩。

一个人幸福指数的高低并不取决于其获得的绝对财富的多少，而取决于其获得的相对财富的多少。有这样一个实验：两只猴子完成某项任务后，可以从实验人员那里获得奖赏。一开始，奖赏的是黄瓜，两只猴子均表示满意，但当实验人员将其中一只猴子的奖赏由黄瓜改为更美味的葡萄时，另一只猴子愤怒地朝实验人员挥舞着手中的黄瓜。正是这种渴望超越且保持领先的心理，驱使我们每个人像仓鼠一样，在经济的轮子里越跑越快。[①]

如果一个快递员每年的收入是 5 万元，那么很多大学毕业生就会要求自己的年收入是 10 万元；如果一个外卖员的年收入是 10 万元，那么很多大学毕业生就会要求自己的年收入是 20 万元。由此循环往复。

可就连著名投资人查理·芒格也承认，对现在的大学毕业生来说，要变富越来越不容易了，比他们那一代难好多，房子越来越贵，投资也越来越难。他表示，幸福生活的秘诀为："现实一点儿，降低期望。如果你对生活有不合理的期望，就像是一只挥动翅膀往笼子上撞的鸟，你迟早会毁了自己。这样是出不了笼子的，只是愚蠢的行为。你要合理期待，无论生活给予你的是好是

---

① ［英］戴维·皮林.增长的错觉：经济学家错了吗？［M］.郑澜，译.北京：中信出版社，2020：序言.

坏，都去接受。"

作家周国平曾说："人生有三次成长，一是发现自己不再是世界中心的时候，二是发现再怎么努力也无能为力的时候，三是接受自己的平凡并去享受平凡的时候。"也许我们真的应该接受，平凡才是唯一的答案。

第三章

变局的背后

　　为什么与美国和中国相比，欧洲、东南亚和孙正义所在的日本，风险投资的发展没有达到同样水平？这背后有经济体量、对外资开放程度、国民性格等原因，但最根本的还是在于风险投资机制本身的变革。

　　风险投资曾经是全球金融市场的一个小小的参与者，现在却成了最重要的部分之一。2021 年，由风险投资公司支持的上市公司，总市值超过 8 400 亿美元，占全美公开上市的 1.22 万亿美元总规模的绝大部分。

　　美国的养老基金、大学捐赠基金和中国的社保基金、政府引导基金等各种类型的大型长周期投资机构，是中美两国风险投资背后的真正推动力量，促使科技世界更加向中美两极化发展。

正在发生的"长钱革命"

"最新的爆炸发生在约一小时前，就在我们报道时，新的爆炸仍在发生。"直播画面上浮现出一个细节呈现完美、视觉效果惊人的地球，为全球数百万观众演示了美军入侵伊拉克战场的最新情况。①

通过 Keyhole（钥匙孔）公司的技术，民众第一次实时观看到了战争的真实模样。仅仅几个月前，这家公司还面临着要么裁员、要么关门的窘境。美国中央情报局下属的风险投资公司 IQT 救活了它，当时正值互联网泡沫破灭期，硅谷几乎所有其他风险投资公司都已经不再投资。有趣的是，IQT 名称中的 Q，正是为了致敬 007 系列电影中邦德最信赖的搭档"Q 博士"，他总能制造出高科技间谍装备，协助邦德一路完成任务。尽管 IQT 十分神秘，但在硅谷投资圈它是一股不可忽视的力量，在它投资 Keyhole 之后不久，谷歌重金收购了这个极具前途的新兴技术公司，并以此为班底打造出了改变世界的"谷歌地球"。

在解释美国风险投资行业的兴起时，政府的重要性经常被忽略，其实政府才是风投机构背后最大的"长钱"，不但通过 IQT 这样的机构直接投资，还通过立法改变了风投的发展方向。1979 年，美国劳工部修订了法案，养老金首次被允许对相对高风险的"另类资产"进行不超过总资产 10% 的"小额投资"。此后，风

---

① ［美］比尔·基尔迪.谷歌方法［M］.夏瑞婷，译.北京：中信出版社，2019：70.

险资本飞速增长，1980—1994 年其投资额增长了几乎 20 倍。一个看起来不起眼的政策调整，却成了整个行业迅速扩张的主要催化剂。①

硅谷历史最悠久的风投红杉资本，正在进行一项空前的改革，正式放弃了传统的 10 年周期制度，并从红杉资本更名为红杉基金。多年来，传统的风投都要严格遵守为期 10 年的基金存续期，在 10~12 年到期时，必须出售所持股份。而红杉的新结构将使其无限期持有上市公司的股票，成为一只无存续期限基金。这项重大变革要想成功有两个重要的条件：出资人的信任和耐心。

沈南鹏在创建红杉资本中国基金的时候，曾经诉说过寻找"长钱"的烦恼："2008 年第一个人民币基金差点儿想放弃。当时基金只允许做'5+2'，5 年是投资期限，后面再延两年，这是没办法做投资的，没办法跟企业家一样真正按照同样的战略眼光去看公司。我们总说，让企业家打造百年老店，如果投资只有 7 年期限，那么怎么对企业进行评估呢？到今天，人民币基金允许'9+2'，已经是很大的进步了。"②

这种进步和政府对风险投资的支持力度逐渐加大有关。2008 年，国务院允许全国社保基金、国家开发银行等特定的知名大型国有存款机构将至多 10% 的资产投资于人民币私募基金。除了

---

① ［美］罗杰·利兹，纳迪亚·萨特莫西. 私募崛起：价值创造的另一片蓝海［M］. 韩复龄，译. 北京：机械工业出版社，2017：39.

② 钱颖一. 钱颖一对话录：有关创意、创新、创业的全球对话［M］. 北京：商务印书馆，2021：205.

第三章 变局的背后　　065

投资风险投资机构，全国社保基金还投资了元禾等大型母基金。

对于投资母基金的初衷，全国社保基金原副理事长王忠民认为：“新经济、新商业模式、新技术层出不穷，变化太快了，社保基金也不一定能完全适应。像我们这种超大型出资人就应该选择合适的母基金，通过它们来把握最细分、专业、一线的机会，把自己解放出来，在不付出高额成本前提条件下获得稳定回报。”①过去 10 年，全国社保基金已投资私募股权基金 60 多次，实际投资额超过 600 亿元。2021 年年底，社保基金再次出资 40 亿元，投资中金启元国家新兴产业创业投资引导基金，对国家“双创”战略和科技创新起到了重要的支撑作用。

大型投资机构的实力不断增强，到 1980 年，它们已经拥有华尔街 1/3 的股份；到 2000 年，这一数字超过了 60%。养老基金的增长尤为迅速，市场份额从 1950 年的 0.8% 增长到 20 世纪末的 30% 以上，这意味着大权移交给了像“加州公共雇员养老基金”这样的巨型组织。②

2018 年年初，占全球总机构投资者资产规模 12% 的年金，已经占到了全球投资私募市场资金来源的 35%，主权基金和捐赠与慈善基金等对私募基金的投资比例也在提高。美国的养老基金、大学捐赠基金和中国的社保基金、政府引导基金、母基金等各种类型的长周期投资机构，掀起了中美两国投资界的“长钱革

① 孔小龙.长钱革命：中国母基金简史［M］.杭州：浙江大学出版社，2020：30.
② ［英］约翰·米克尔思韦特，阿德里安·伍尔德里奇.公司简史：一种革新性理念的非凡历程［M］.朱元庆，译.北京：北京大学出版社，2021：186.

命"，是中美两国风险投资背后的推动力量，也促使科技世界更加向中美两极化发展。

中国的风险投资行业只有20多年的历史，相比美国来说，中国的"长钱革命"更为艰难，遇到的阻力也更大。

中国投资行业和美国最大的差距，在于市场化出资人的欠缺。除了养老金以外，美国的捐赠基金、家族办公室和市场化母基金等市场化出资人十分成熟，而中国市场化母基金极度稀缺，高校捐赠基金也刚刚起步，对风险投资机构的支持力度有限。

美国的市场化出资人能够持续投入私募股权行业，最根本的原因还在于退出渠道通畅，通过并购和上市等渠道，每年10%~20%的资金被返还给风险投资机构背后的出资人，形成了良性循环。中国的风险投资行业起步不久，还没有形成这样的正向循环，很多出资人被伤到之后，自然不再继续投入，因此政府系的钱逐渐占据越来越大的份额。能否打通退出渠道，形成良性的正向循环，是中国投资行业"长钱革命"成败的关键。

"退出"的大门正在被打开

在加利福尼亚州的贝克斯菲尔德，一名采摘草莓的墨西哥人，年收入14 000美元，他在不会说英语、身无分文的情况下，贷款购买了一套价值72.4万美元的房子。这是小说《大空头》中描述的2008年美国经济危机前，疯狂投资行为背后的虚假繁荣。

新冠肺炎疫情暴发之后，美国资本市场的一种更大型的"空手套白狼"模式突然爆火：发起人先成立一个"空壳上市公司"，然后公开进行募资，用募集到的钱再去并购一个目标公司装入空壳，发起人仅承担空壳公司的运营成本，就能获得原始股，其持股数量通常相当于上市后股权的 20%。这种上市方法就是"特殊目的并购公司"（SPAC）。2020 年全年，美股共有 450 家公司首次公开募股（IPO），其中 248 家是 SPAC，占全年总 IPO 数量的 55%，募集总资金超过 800 亿美元。

美国人开始风靡把公司上市当成"盲盒"来玩。这种特殊的"空壳盲盒"究竟有何魔力，引得东京交易所、新加坡交易所、香港交易所（以下简称港交所）纷纷跟进？

首先是公司强烈的上市需求。SPAC 为那些达不到传统 IPO 要求的规模较小、杠杆率更高、成长性较低的公司提供了上市的机会。对新经济公司来说，一旦错过最佳融资和并购期，很可能被淘汰出局，如果还是按照传统 IPO 的路径上市，那么又可能错过低成本、大规模融资的良机，于是一些企业不但通过 SPAC 快速上市，而且还通过自己发起设立 SPAC，快速募集资金用于收购新技术公司。

另一个推动力来自风险投资机构。SPAC 本质上类似于一个专项并购基金，但是把传统基金的期限由 8~10 年缩短到了不到 2 年，因此颇受大型私募股权基金的欢迎。

最后是新冠肺炎疫情以来，美国为救助经济采取了无限量化宽松的货币政策，低利率甚至零利率导致资金涌入资本市场，是 SPAC 爆发的重要环境因素。

2021 年 12 月初，东南亚网约车企业 Grab 通过 SPAC 方式登陆纳斯达克，以近 400 亿美元的估值刷新了美国以外 SPAC 公司上市估值规模的纪录。问题是像 Grab 这样的优质企业太少了，一般情况下都是质量相对较低的公司倾向于通过 SPAC 模式快速上市，而质量较高的公司通常倾向于通过传统 IPO 方式上市。

2001 年之后，美国的风险投资方式，从之前的 IPO 退出为主，变为了以并购退出和二手份额基金（S 基金）为主。目前欧美地区的 S 基金市场已经发展到相对成熟的阶段，交易活跃度逐年稳步上升，成为股权投资市场的重要组成部分。S 基金、并购和 IPO 这三者共同构成了美国私募股权市场退出的大通道。2018 年美国私募股权基金退出中，S 基金占比 52%，并购占比 43%，IPO 占比仅在 5% 左右。

中国 S 基金的发展则相对缓慢。2021 年，中国的 S 基金终于爆发，接连完成多笔重磅交易。同年年底，上海成为继北京之后第二个拥有 S 基金交易所的城市。地方政府也开始发力 S 基金，除北京、上海外，国内许多城市包括苏州、青岛、淄博、广州、三亚等地在推进创投生态建设的政策中，都把落地私募股权二级市场转让平台试点作为政策的着力点之一。

2021 年是美国"退出"的"大年"，全年通过上市退出的总金额超过 1 万亿美元，创下历史最高纪录。与美国相比，无论是"退出"渠道还是金额，中国都有很大差距。2020 年中国私募股权行业管理规模超 11 万亿元人民币，但当年退出规模还不到

8 000 亿元人民币，比例不足 7%，退出"堰塞湖"非常严重。

嘉御基金创始合伙人卫哲在刚做投资的时候，曾经拜访过黑石集团创始人苏世民。苏世民认为，募、投、管、退 4 件事，如果没有退，就等于前三件事全白做：投资团队是买方的心态、人力和资源，而退出是卖方人力、卖方心态和卖方能力。投资团队一忙新的项目，就把退这个事忘了，或者是投入感情了不想退出了，所以要有一个专职团队负责这个事。和苏世民交流完以后，卫哲就开始设立专门的退出团队。

一位管理过千亿体量资金的投资人，一直坚持这样一个观点：过去 10 年，中国风险投资行业连本钱都没有拿回来，就是一个"庞氏骗局"。虽然我对他的判断并不完全认同，但和一线城市动辄 10 倍的房价涨幅相比，过去 10 年间风投行业的整体收益确实太低，最根本的原因还是"退出"难。一个有利因素是，未来房地产不可能再提供之前那样的超额回报了，政策也鼓励资金进入股权投资，这是投资行业的一次历史性机遇。

最近几年，新经济企业经常出现一二级市场"估值倒挂"的现象。尤其在港股和美股市场，一级市场炙手可热的独角兽公司上市之后，价格一路下跌，背后的投资机构也亏损严重。根本原因还是在资产端，一级市场的优质未上市项目稀缺，一旦企业进了独角兽或准独角兽的名单，估值立马就会被炒高，"幸存者效应"导致头部项目往往能够拿到不成比例的大额融资。同时，由于中国市场潜在用户群体庞大，动辄以亿计，与欧洲、美国等同类型企业相比，中国的互联网企业在上市前更容易获得高估值。

在金融危机前的十几二十年里，货币超发已经造成了严重的通胀，只不过这个通胀没有体现在消费者物价指数上，更多的是资产泡沫，而资产泡沫在传统的金融学里是失察的，直到它爆发出来。越来越多的机构发现资产端快速地膨胀，市场上越来越多的机构有越来越多花不完的钱，它们面临最痛苦的选择跟挑战是，怎么来保证资产的保值升值？

在未来，中国二级市场的估值会逐渐与国际接轨，估值下降几乎不可避免。对于那些炒作概念、挥金如土，但缺乏自身造血能力的独角兽，二级市场的投资人越来越不认可。从市场现状看，国内新经济企业赴港上市已是大势所趋，一二级市场估值倒挂短期内不会改变。

和美国多样化的退出渠道相比，对中国投资机构来说，上市仍旧是最重要的退出方式。2020 年全年人民币基金退出总额超过 7 500 亿，同比增长 35.94%，其中通过境内市场退出的总额超过 1 700 亿，同比增长 126.97%。

交易所的不断完善和发展目前仍是整个中国资本市场建设的重中之重。2019 年科创板横空出世，首次将核准制改为注册制，允许同股不同权、VIE（可变利益实体）架构及红筹股在满足一定条件下上市，降低了境内上市的成本。2021 年，全面服务于"专精特新"中小企业的"北交所"成立，是对中国多层次资本市场体系的有力补充。创业板和科创板都曾被市场寄予厚望，也都曾被称为"中国的纳斯达克"，但最终因门槛过高、缺乏灵活性和包容性等问题而未能实现梦想。北交所能否成为"中国版纳斯达克"，还需要各项配套制度的完善和时间的验证。

在科创板和北交所出现前，科技公司一直缺乏二级市场的出口，这使得一些在垂直细分领域的新经济公司，需要很长的周期才能登陆二级市场。这样的二级市场推手可以帮助"专精特新"企业更快地进入新的正循环，也可以帮助背后的投资机构更快实现退出。

从"另类"到"主流"

风险投资曾是一个特别小众的行业，在生活中几乎感受不到它的存在。如今，走进中国任何一个大城市的咖啡馆，投资人、创业、融资、估值、上市，这些词汇会自动飘进耳朵。

金融业向来不爱"说人话"，不用通俗的语言解释投资产品，因为包装得越高深莫测，外人越难一窥究竟，挣钱也就越容易。所以这个行业是最爱发明新词的行业，比如"另类投资"，就连一些资深投资人也不知道到底"另类"在哪儿。有说规模的，有说影响力的，也有"甩锅"给翻译问题的，总之就是觉得挺别扭，还说不清楚到底别扭在哪儿。

风险投资多年来都被习惯性地归类为"另类"投资，但行业在 2015 年之后的爆发，无论是所募资本额还是私募基金自身的数量，都出人意料。援引众多观察家的看法，此次迅猛的增长标志着"另类资产"的称号不再适用于私募行业。①

在"主流"的金融市场中，资本越来越聚集到少数超大型资产管理公司、对冲基金和大型家族基金中。和它们相比，私募股权基金的体量几乎可以忽略不计。2016 年，风险投资仅占美国国内私人投资总额的 2.5%。② 新经济企业风险投资的崛起，改变了风险投资的劣势。2021 年年底，苹果的市值接近 3 万亿美元，谷歌市值 2 万亿美元，和传统的独立风投相比，市值庞大到和资产管理公司规模同一量级的新经济巨头，显然更有一掰手腕的底气。

无论是支持者还是反对者，几乎没有人会对以下结论产生怀疑：手握投资"秘密武器"的平台型科技巨头，对人们生活的掌控已经几乎无孔不入。在二级市场，A 股 10 年前是 3 000 点，现在还是 3 000 点，除了股民不满之外，对普通百姓的生活并不会造成什么大的影响，但在一级市场，平台型互联网巨头携海量资本入场，在某些领域所到之处寸草不生。

2020 年，一篇批评互联网巨头"不讲武德"，正在用资本夺走无数卖菜小商贩生计的自媒体文章全网刷屏。随后，《人民日报》发表评论文章，批评搞社区团购的巨头："别只惦记着几捆

---

① ［美］贝努瓦·列勒瑟斯，汉斯·范·塞维，埃斯梅拉达·梅加里.私募股权4.0：从"另类"到"主流"的投资指南［M］.陈丽芳，蔡笑，译.北京：机械工业出版社，2018：3.

② ［美］乔纳森·格鲁伯，西蒙·约翰逊.美国创新简史：科技如何助推经济增长［M］.穆凤良，译.北京：中信出版社，2021：115.

白菜、几斤水果的流量，科技创新的星辰大海、未来的无限可能性，其实更令人心潮澎湃。"同年年底，中央政治局会议首次明确提出要"强化反垄断和防止资本无序扩张"。

投资行业也和国际关系密不可分。2015 年 9 月，中国最高国家领导人出访美国，来自中美两国 28 家科技公司的领导者齐聚一堂合影留念，其中包括贝佐斯、扎克伯格、库克，还有几乎在美国家喻户晓的科技企业的 CEO。中国和美国，成为科技世界中最重要的两极，中美两国的科技关系可能是世界上最重要、最复杂的关系。[①]

中美科技竞争是未来时代的大主题，在被频繁"卡脖子"之下，中国在很多科技领域都面临着"从 0 到 1"的艰难处境，风险投资和科技相结合，是中国最需要发展的方向。虽然二级市场的体量远大于一级市场，但是二级市场的成熟公司，大部分做的是"从 1 到 10"，"从 10 到 100"的事，所以"放水"到二级市场，无法为科技竞争提供直接的帮助，这也意味着，未来风险投资的战略重要性将大大增强。

在全球资本市场上，主流投资机构对"另类"资产的配置，一般不会超过总资产比例的 10%。随着时代的发展变化，目前一些欧美大型资管机构，已经把这个上限提升至 30% 左右，并且还有进一步提升的趋势。

---

① ［美］布拉德·史密斯，［美］卡罗尔·安·布朗.工具，还是武器？直面人类科技最紧迫的争议性问题［M］.杨静娴，赵磊，译.北京：中信出版社，2020：240.

在中国这样一个"大政府"的国家，创投对于政策的导向是极其敏感的。1998年，时任全国政协副主席的成思危，代表民建中央在全国政协会议上提交了《关于加快发展我国风险投资事业的几点意见》。该提案被列入全国政协九届"一号提案"，受到国家高度重视和社会的广泛关注，对中国的风险投资行业起到了极大的推动作用，整个行业进入了快速发展的时期。[1]

2005年11月，由国家发改委等十部委联合发布的《创业投资企业管理暂行办法》终于发布，作为中国创业投资企业的"根本大法"，比较全面地规定了创业投资企业从设立、运行、政策扶持到监管的一系列制度。

有关部门提出要加快制定《私募投资基金监督管理条例》，业内也一直期待以行政法规的形式尽快明确和统一私募监管规则，然而在酝酿了6年多之后，中国私募基金行业最高级别的监管文件何时能真正出台仍是未知数。国家对于监管的谨慎态度，也从一个侧面印证了风险投资的重要性。

"另类"投资已经开始走向主流，但要想真正成为主流，还有很长的一段路要走。比如长期以来，全国政协委员中，红杉中国创始人沈南鹏是唯一一位来自创业投资领域的，投资行业的意见领袖应该更加积极主动参政议政，为国家和社会贡献更多投资行业的智慧和力量。

---

① 孔小龙.长钱革命：中国母基金简史[M].杭州：浙江大学出版社，2020：33.

第二部分

新经济"资本论"

随着新经济资本化进程不断加速，越来越多的科技公司快速上市，新经济创始人们开始组建家族办公室和创始人基金，就连政府也不甘落后，成为风投界的新"网红"，它们共同构成了新经济时代的资本"新物种"。

　　新经济公司崛起的背后，是全新投资方法论的结果。在新的估值模型中，点击量比短期赢利更重要，眼球比财务状况更关键。除了"点击量决定论"，风险投资还有"人才决定论""市场决定论""技术决定论"等不同的流派。

　　在激烈的竞争中，风险投资行业越来越"内卷"，生存压力也越来越大。投资机构的成功是时代的红利，但这依旧无法解释为什么有的机构脱颖而出，而有的机构却销声匿迹。它们之间的区别到底是什么？究竟是靠投资方法论还是靠运气，或者二者缺一不可？

第四章
资本"新物种"

随着科技巨头不断发展壮大，在全球范围内，企业风险投资成为一股不可阻挡的潮流，谷歌、苹果、腾讯、阿里巴巴、百度、美团、字节跳动等凭借着巨额资本，跨越国界和行业，投资参股各种有潜力的新经济公司，同时它们之间又相互交织，形成了新的全球新经济投资权力网络，大大挤压了传统风险投资的生存空间。

在科技公司上市或者被并购后，股东和高管收获了大量的财富，随之而来的是一个新财富阶层的崛起。在获得财富自由之后，他们的财富去向及管理方式都让外界觊觎和窥探。这些新经济超级富豪的家族办公室，更愿意投资高科技公司，并因此又催生出更多的新经济富豪人群，成为新经济资本化过程中一股不可忽视的力量，也让家族办公室和创始人基金成为投资行业聚光灯下的新宠儿。

政府究竟应该在经济增长中扮演什么角色，一直存在很大争议。"东亚经济奇迹"一个很重要的特点，就是政府帮助本土企业进入复杂度很高的行业。中国也是如此，政府深度介入科技创新活动，已经形成了"举国体制"这一重要法宝，并且与市场机制并不冲突，相辅相成、相互促进。

新经济 CVC：战略大棋局

科技巨头之所以如此强大，和它们掌握的一个"秘密武器"有关——企业风险投资（CVC）。全球最大的企业风险投资是谷歌，它在 2020 年完成了 81 笔投资。2020 年全球企业风险投资的融资总额再创历史新高，达到 731 亿美元，比 2019 年上升了 24%。企业风险投资已经成为行业最重要的主体，而且单一交易金额更高，平均为 2 860 万美元，大大高于传统风投平均 2 000 万美元的项目投资额。

2021 年以来，商汤科技发起设立的国香资本、蜜雪冰城成立的雪王投资、泡泡玛特成立的玩心回归投资公司纷纷涌现。随着新经济公司的不断崛起，国内的新经济企业风险投资正以其独特的资源背景和产业优势，成为风险投资中不可忽视的新势力。

反对者认为，它们通过投资、合作，把小公司圈定在自己的联盟中，或者直接凭借合谋、排他性协议、抄袭等手段压死那些存在威胁的小公司，破坏竞争和创新。而在支持者眼中，它们是初创企业的最佳合作伙伴。创业者经常担心大企业支持他们创业是因为想要他们破产，或者当他们出现资金链断裂时以低价收购他们的公司，但这几乎是不可能的。即使 CEO 可能将其视为竞争对手，或者只是关心他们是敌是友，几乎所有企业也都会为创业者的成功而欢呼雀跃。①

谷歌是全球最大的企业风险投资机构，却在一场重大的"支付战争"中彻底败下阵来。2006 年谷歌推出自己的在线支付平台 Checkout，试图与 PayPal 竞争在线支付市场，苦苦支撑 7 年之后，2013 年谷歌最终关闭了 Checkout。打败强大谷歌的，不只是一个科技公司，他们有一个响亮的名字——"硅谷黑帮"。

他们中的霍夫曼创立了领英，陈士骏创立了 YouTube，彼得·蒂尔创立了创始人基金并且成为脸书的天使投资人，马斯克创立了特斯拉等公司并成为世界首富。从来没有如此多的亿万富翁密集地诞生在一个群体里，也从来没有一群人对硅谷具有如此强的掌控力。在 PayPal 的共同经历所产生的连接，让这群人即使离开还是会保持联系、互相帮忙，不论是身体力行、建议或是财务上。例如，霍夫曼创办领英时，蒂尔是很重要的金主。这也是"硅谷黑帮"能比谷歌创立更多独角兽公司的原因。

2017 年年底，一场只有 20 多人参加的"乌镇饭局"意外出圈，风头丝毫不逊于互联网大会，引发各路媒体关注报道。严格来说，当晚一共有三场饭局，先是网易丁磊在"津驿客栈"组局，然后刘强东和王兴组织了"东兴局"，58 集团姚劲波也随即组局。这三场饭局几乎聚集了当时国内互联网和投资界的半壁江山，号

---

① ［美］安德鲁·罗斯曼.创投帝国：企业风险投资策略与最佳实践［M］.周宏亮，唐英凯，译.北京：中国人民大学出版社，2018：147.

称"东半球最强饭局"。

虽然谷歌和"硅谷黑帮"拼得火花四溅，但他们几乎不会要求自己投资的公司站队，而在国内情况大为不同。商汤科技创始人汤晓鸥对此颇有感触："不管是做科技还是什么行业，大家很早就要站队。在国外是没有这样的现象的，跟谷歌做什么事，就不能跟微软做事了，没有这样的道理，但是在中国基本上是这样的局面。"①

互联网"拆墙"行动成为改变的契机，工信部要求各平台限期必须按标准解除屏蔽。随后，腾讯、阿里巴巴和字节跳动等主流科技公司均开始推进与其他产品之间的联通，开放外部链接访问功能。但拆现实中的墙易，拆心中的墙难，能否破除成见，在遇到具体投资案例或者创业者的合作诉求时，不以偏见相歧视，不以站队相威胁，还有待观察。

汤晓鸥甚至建议："百度、阿里巴巴和腾讯成立一个基金，到处投就好了，等比例的，这样大家都可以合作起来，至少大家有一个想法，给小企业一些空间，不是一家全给吃了，这样就没办法干活了。"对此，马化腾也给出了回应："我非常赞同汤教授的建议，我们的战略就是'半条命'，另外半条命交给合作伙伴。很多同事抱怨说这个不让做，那个不让做。我说要做你就自己出去做，我可以投资你。很多东西我们内部不做，交给合作伙伴，

---

① 钱颖一.钱颖一对话录：有关创意、创新、创业的全球对话［M］.北京：商务印书馆，2021：134.

占小股就行，这样他们更有活力。"①

关于企业风险投资的讨论不少，但大多只谈到他们的爆发式增长，对于发展过程中的困境和烦恼鲜有提及：一是财务意义上"赚钱"的投资和战略投资是矛盾的。二是产业资本经常会陷入由微观业务目标驱动的投资困境。并且如果想投一些非主营领域好的公司，又要强加一些业务条件，根本就投不进去。三是投不投从本公司出走的创业者？如果投，那么这会给内部的人什么样的信号和示范？显然不利于团队的稳定，那为什么还要鼓励这样的行为？

通过生态布局解决这些问题，相对来说是一个最优解。于是腾讯成立了产业共赢基金；阿里巴巴先后成立了阿里资本和湖畔山南资本；百度成立了百度风投和百度资本，分别对应早期和中后期的财务投资，加上投资并购部，打造出投资三叉戟体系。

IT 桔子数据显示，腾讯投资是国内最活跃的企业风险投资，截至 2021 年 8 月底，腾讯的对外投资数量达到了 1 175 起，超过绝大部分专业的风投机构。小米集团以 408 起投资事件位列第二，阿里巴巴对外投资总数有 387 起，而百度历年的投资总数为 324 起。360 和京东分别对外投资了 241 起、226 起。

2019 年成立至今，华为旗下的哈勃投资已经投资了 40 多家公司。芯片产业是哈勃投资最着重发力的领域，差不多覆盖了芯片的全产业链。在遭遇美国"卡脖子"之后，哈勃投资承载着华

---

① 钱颖一. 钱颖一对话录：有关创意、创新、创业的全球对话 [M]. 北京：商务印书馆，2021：140.

为突破美国封锁的重大使命，任正非也终于放弃了坚持多年的不做股权投资的原则。

但是从一些创业者的视角来看，他们还是更喜欢从红杉资本等专业风投那里寻求融资，而不太愿意把自己与科技巨头绑定。甚至有个别巨头旗下的企业风险投资机构，不惜更改名称，与母公司划清界限，重塑品牌。从母公司的视角看，它可能已经创造了一头不受自己控制的怪物。

于是科技巨头逐渐开始出资给体系外的独立风投机构，构建全方位的投资生态。腾讯不但投资了钟鼎资本、龙珠资本、顺为资本、GGV（纪源资本）、红杉中国等，还投资了母基金投资平台星界资本；京东除了投资星界资本、钟鼎资本，还投资了高成资本、拾玉资本等；字节跳动投资了黑蚁资本和XVC等；阿里巴巴也陆续投资了多只基金。

根据《母基金周刊》的统计，在2020中国新经济企业500强中，有196家公司已经投资过其他风险投资机构，占比39.2%；有76家投资三家及三家以上的投资机构，占比15.2%，主要投向了两类：头部"大白马"机构和新经济企业所在的垂直赛道中的"黑马"机构。

1997年，美国前总统安全顾问布热津斯基，第一次使用了"大棋局"这个概念。最精彩的部分，在于他对"地缘战略棋手"和"地缘政治支轴国家"的分析。"战略棋手"指那些有能力改变世界现有地缘政治格局的国家；"支轴国家"指它们的重要性来自所处的位置以及对战略棋手的影响。

如果用国际关系中的大国斗争视角来看待今天中国科技巨头们之间的博弈，我们会发现历史总是不断地重复，阿里巴巴、腾讯、百度、字节跳动、京东等就是"战略棋手"，它们投资的独立风投机构就是"支轴国家"。它们构建投资生态的努力，逐渐扭转了国内企业风险投资的风评，也使得国内外对于企业风险投资的态度产生了差异：在美元市场，如果你是个企业风险投资，可能这是个偏负面的评语，对方会希望理顺你和母公司之间的关系；在中国这却是一个逐渐受欢迎的新业务模式，比如阿里巴巴、腾讯和字节跳动，创业者一旦接受它们的投资，就会有巨头帮他们做大量的延伸性战略规划和合作。

和国外的头部新经济企业风险投资相比，中国的投资数量和规模都存在很大的差距。特别是从 2020 年开始，中美科技巨头的市值产生了大分化。苹果、特斯拉、亚马逊和谷歌等巨头的市值，远远甩开了原本市值趋近的腾讯、阿里巴巴和字节跳动。随着中美科技巨头在东南亚以及全球范围内的"攻城略地"，企业风险投资之间的争夺势必更加激烈和残酷。

隐秘的角落：新经济家族办公室

那段时间，我的情绪非常低落，特别不愿意见投资者。有位投资者，指名一定要见我。刚见面，她就毫不客气地说，"你们小米让我亏了这么多钱，真的不知道你们是怎么干的！"接着，她从战略到产品再到管理，把我们当小学生，数落了一个多小时。我衬衣都湿了。会后，我一个人在会议室待了很久。那一刻，我非常绝望。

2021 年 8 月 10 日晚，雷军在年度演讲中首次揭秘了他遭遇的艰难时刻。人们纷纷猜测：这位把"雷布斯"训了一个多小时的女投资人究竟是何方神圣？随即有圈内人士揭秘，此人正是马云的夫人张瑛。虽然当事人纷纷出面否认，但张瑛和她背后的家族办公室蓝池资本还是上了热搜。有媒体披露，张瑛不但会现身家族办公室，还会提出具体的细节："是不是可以给蓝池资本再招一个基金经理？两个团队可以赛马，现在这样似乎效率不高。"

阿里巴巴赴美上市后，马云和蔡崇信便在香港联合设立了家族办公室蓝池资本，蔡崇信以 20 多亿美元买下 NBA 球队布鲁克林篮网的交易，也是通过它完成的。在香港中环交易广场办公的蓝池资本十分低调神秘，官网上几乎没有披露任何信息，在能查询到的仅有的十几起交易中，主要投资方向为对冲基金、医疗健康、人工智能、大数据云计算等领域，其中泛生物医药行业的公司至少有 5 家。

与蒂尔的"硅谷黑帮"类似，脸书创始人扎克伯格也有个"小扎的朋友圈"，即围绕家族办公室 Iconiq 形成的硅谷亿万富翁俱乐部。其中有脸书的联合创始人莫斯科维茨、首席运营官桑德伯格，领英创始人霍夫曼，推特创始人多西等 200 多位超高净值客户，管理资产规模高达几百亿美元。

传统企业家上了胡润财富榜后，多半下场不妙。冯仑曾感慨："对我们这些民营企业家来说，最大的考验是如何收场，而不是开场。怎么把过去这些成绩画个句号。大家常常会看到某些企业被卖了、被转型了、被收购了，有些企业甚至欠了一屁股债，那就不好看了。我逐渐在做一些退场的准备，你要想收场，最主要的是减少是非，不能减少是非，你就收不了场。"[1]

而蒂尔和扎克伯格这样的科技新贵普遍接受过更好的教育，有更宽广的国际视野，财富更为阳光透明，更具冒险精神，也更加特立独行。亚马逊创始人的家族办公室"贝佐斯远征队"不但投资了一堆科技公司，还投资了一些极其任性的项目，比如以太空旅游和月球定居为核心业务的"蓝色起源"，甚至还花了4 000万美元投资了一座以昼夜热循环为动力、高150多米、安装在距离地面600米的山洞中、每1 000年才会有一只报时鸟跳出来报时一次的"万年钟"。

身家数十亿美元的互联网新贵，出于隐私和信任等因素考虑，开始招兵买马，搭建像蓝池资本这样的单一家族办公室，而体量在10亿美元以内的家族，一般会选择与几个背景相同的家族共同成立联合家族办公室，或者加入知名的联合家办。

海外知名的新经济私人联合家族办公室通常都有头部领袖的领先性效应，它们基本是由福布斯排行榜中的高科技家族企业发起成立的；中国的新家族虽然从个人资产规模和公司市值上都不逊色，但目前还没有出现领袖级别的多家族办公室，原因在于中

---

[1] 《人物》杂志.巨人转身慢［M］.北京：华文出版社，2018：178.

国的家族办公室土壤还亟待耕耘，相互学习和借鉴的机会比较少。另外，这些新经济家族将更多的精力放在产业拼杀上，对于家族办公室还比较陌生，心态也不够从容。[1]

2020年年底，双湖资本前CEO张艳和九合创投创始人王啸，一起创办了联合家族办公室希望之源资本，并顺利完成数亿美元的首轮募资，第一批出资人主要来自中国新经济代表公司的联合创始人、资深高管和投资人等。美团联合创始人王慧文、小米联合创始人黎万强、饿了么创始人张旭豪等互联网新贵也都成立了自己的家族办公室。

中国这一拨家族办公室的兴起，主要有三方面的原因：

首先是新经济家族的崛起。最近十年，中国新经济浪潮的造富速度远胜国外，新经济家族的平均净财富还处于上升期。中国66个新经济家族，财富约达到1.04亿美元，掌控财富的平均年龄在45~55岁的几乎占了一半，而且愈加年轻化，25~34岁的年轻富豪越来越多。新经济家族的财富增长不容小觑，且财富增长的人群及数量足以让家族办公室服务机构精心为他们改变。[2]

其次，颇具影响力的新经济领袖身亡的事件常有发生，给了新经济创始人很大刺激，也暴露出年轻的新经济家族在财富传承方面的不足。这些意外事件之后，很多新经济家族开始考虑设立家族信托。

最后是政策的变化。2021年年底，盛美股份在上交所科创

---

[1] 惠裕全球家族智库.2021中国新经济家族办公室白皮书.2021.

[2] 惠裕全球家族智库.2021中国新经济家族办公室白皮书.2021.

板上市，成为第一家同时在美国纳斯达克和科创板挂牌的半导体设备企业。值得一提的是，这是实际控制人通过家族信托作为顶层结构，实现家族企业首发上市的首个成功案例，对于家族财富管理领域具有里程碑意义，明确显示出监管机构可以接受"实控人通过家族信托作为拟上市企业的持股顶层结构"。

根据天眼查的数据，全国工商注册的家族办公室已经超过1 500家，但国内的家族办公室仍处于起步阶段，单一家族办公室在性质上与做的事都不太一样，鱼龙混杂，甚至家族办公室比家族还多，因为谁都可以成立家族办公室，成立一个咨询公司就可以对外说是家族办公室。其实它们在中国是弱势群体，找真正的家族来付费当客户很难，现在市场上所谓家族办公室大多是渠道模式，提供的是一个交易平台，主要赚取手续费。很多机构没有资产配置能力，而且既做咨询又做私募股权投资，买方和卖方的角色混淆不清，存在利益冲突隐患。

即使是硅谷的新经济家族办公室，也还远未到成熟的时候。2018年夏天，扎克伯格的家办 Iconiq 公司四名联合创始人之一的博尔丁，带着10多个员工另立门户，创立新的家办 Epiq，与老东家分庭抗礼。博尔丁的出走缘于和 Iconiq 掌门人马坎在商业模式理念上的分歧。

马坎是一位来自南非、桀骜不驯的印度人。2004年，他在高盛公司做证券经纪人时，就已经认识了扎克伯格。借助"扎克伯格朋友圈"这个金字招牌，用明星效应吸引那些想要成为扎克伯格的人，马坎在年轻的初创企业家和亿万富豪之间，以及亿万富豪自身之间建立起紧密的联系，Iconiq 每季度都会组织名为"奇迹都在哪里发生"的社交活动。

在对社交媒体软件公司 Sprinklr 领投 4 000 万美元的 D 轮融资之前，马坎曾邀请其创始人托马斯和三名著名的亿万富豪共进晚餐。"当像 Iconiq 公司这样的投资方想要投资的时候，你没法拒绝，"托马斯说，"他们可以让你和世界上任何一个人建立起联系。"

由于不想错失机会，Iconiq 公司自己也会和客户一起进行投资，进行家族办公室和风险投资基金的交叉业务。这种"家族办公室 + 风险投资公司"模式，实际上自己"既当裁判员又当运动员"，模糊了第三方顾问的界限，引起行业内很大争议。博尔丁的新家办 Epiq 旗帜鲜明地声称，将坚守客观中立的原则，不会设立自己的风投或私募，避免利益冲突。

无论国外还是国内，与传统家族相比，新经济家族掌门人普遍更年轻，也更具开拓和冒险精神，他们不屑于将大部分资产配置到房地产等传统领域，更倾向于投资自己熟悉的科技和互联网领域。对于股权投资的深度介入和超高配置给新经济家族带来更高回报的同时，也带来了比以往传统家族投资更高的风险，如果投错了，可能就会血本无归，甚至家办关门，因此新经济家族要想像很多老牌家族一样持续上百年的辉煌，难度很大。

创始人基金：投资的星辰大海

彼得·蒂尔将 PayPal 以 15 亿美元卖给 eBay 后，财务自由的他成立了创始人基金，主要投资消费互联网公司，很快就完成了规模达 5 000 万美元的首只基金募资。创始人基金的投资战绩包括脸书、SpaceX、Palantir、Spotify 等出色的创业公司，这个不走寻常路的基金成了投资行业一个神秘角色。

"投资就是投人，让创始人拥有更大话语权和更多权益"，创始人基金是这一理念的提出者与践行者。在蒂尔看来，一家公司能否成功主要看创始人，因此他才把这只基金取名为创始人基金。从创始人跨界成为投资人，蒂尔的投资哲学深深打上了曾经作为创业者的烙印："我们不过就是想要帮助下一代创始人和企业家共同打造一些绝佳的公司罢了，更倾向于投资那些冒险的、不同凡'想'的、真正有潜力改变世界的公司。"

视更替创始人为家常便饭的风投界里，创始人基金却从未撤换过任何一位创始人，因为其理念是投资信任的团队，而不是想经营的公司。蒂尔坚信，找到优秀的创始团队并让他们保持原位，往往会产生更高的整体回报。

肖恩·帕克在 24 岁时就已经出任脸书第一任总裁，后来他以联合创始人身份加入创始人基金。帕克坦言，创始人基金这种"让创始人掌握自己命运"的理念使他产生了强烈共鸣："因为我们自己都是创始人，所以自然而然地更关心帮助新一代企业家成为成功的领袖，而不是更关心获取财务回报。"

风投机构和创始人之间经常存在紧张关系，投资人往往本着降低自身风险的出发点，不希望创始人出售股份，可创始人在这种规则下就承担了过量的风险。针对这一问题，帕克开创了全新的做法，允许创始人卖出少量股份变现，降低风险的同时仍然保持所有创始人团结一致，以等待项目实现"全垒打"。

中国也不乏创始人基金的效仿者，不少人都忽略了，红杉中国曾经是国内最早的创始人基金。从耶鲁商学院毕业后，沈南鹏来到华尔街投行工作。1999年，他从投行辞职，和梁建章等三人一起创业，被称为"携程四君子"。"假如我原来从投资银行直接变成了一个投资人，这样的转换会让人更多地去思考资本市场的套利，驾驭二级市场呈现的低潮和高潮。"① 沈南鹏说。

2005年，创业成功的沈南鹏离开携程，创立红杉资本中国基金，首期募集两亿美元。亲历创业帮他扩展了投行以外的视野和格局，对他后来理解和投资创业者帮助很大。而红杉资本在美国的合伙人，也基本来自非常成功的互联网公司，比如脸书和谷歌等。

随着中国新经济公司的上市潮来临，国内出现了一批兼具创业经验和投资能力的企业家，一些更年轻更具活力的80后、90后设立的创始人基金不断涌现，比如元气森林创始人唐彬森创办的挑战者资本、木九十创始人陈峰创办的日初资本等。

投资行业强者文化盛行，在强者眼里，只有达成目标，没有世俗眼光，没有道德约束，很多投资机构认为自己处在"上帝视角"，对创业者的姿态是居高临下的，喜欢把自己的意志强加在创业者身上。如果可能，他们会把整个赛道有潜力的公司都投资

---

① 《人物》杂志.巨人转身慢［M］.北京：华文出版社，2018：223.

一遍，至于谁能跑出来并不关心，盈不盈利也不关心，只关心基金最后的回报。

由于软银和愿景基金经常强势大幅拉高被投公司的估值，它们的投资在一些投资机构眼里成了"减分项"。一位资深投资人直言不讳："愿景基金碰过的项目，估值基本都高出市场很多，我们一般能不投就不投了。"

创始人基金对创业者更加友好，更能以平等甚至弱者的姿态和创业者沟通与合作。日初资本的人才和组织逻辑是：弱者心态。曾经多次创业的陈峰对创业者有很深的感情，直到现在陈峰仍然把自己看作一个创业者而不是单纯的投资人："这是我的第四次创业，也是最享受的一次。现在团队的创业状态，跟我大学创业时没有发生任何改变。日初的名字'Dayone Capital'寓意为永远保持出发时刻的创业初心，而创业的本质正是初心。"

在国内，还有一种创始人基金的变种，即"创始人出资＋专业投资人管理"模式，比如源码资本和高榕资本。源码资本首期基金背后的出资人，包括字节跳动的张一鸣、美团的王兴、理想汽车的李想等新经济创始人。高榕资本早期定位于中国的创始人基金，背后的出资人除了顶级机构，还包括腾讯、百度、淘宝、小米、美团、分众等在内的数十家互联网企业的创始人或核心高管。

新经济创始人们对创始人基金的支持，体现了新经济领域的正向循环：这些青年创业者曾在风险投资的支持下成长为引领新经济发展的杰出代表。如今，他们怀抱着开放的心态，发自内心地期待更多的新一代创新者出现，并希望借助对创始人基金的投资，为不断涌现的创新者提供支持，创造长远社会价值。

当然也不是所有创始人基金都代表先进，也要看之前创始人所在的行业是新经济还是夕阳产业。一些房地产和钢铁等传统领域的创始人，杀入基金行业后也成立了创始人基金，但他们对新经济的理解有限，无法给予创业者所需的产业资源，自然也无法发挥创始人基金模式的优势。

出身于新经济领域的创始人，如果能持续学习，对金融的理解逐步加深，那么其创始人基金肯定会越来越好；同样，如果没有持续学习能力，对金融又没有深入的理解，那么即使出身于新经济，也会逐渐落伍，最终被时代淘汰。

一座城，如何成为"风投网红"

2016 年 11 月 9 日，特朗普当选美国第 45 届总统。第二天，一本名叫《乡下人的悲歌》的书，冲上亚马逊销售总榜第一名。《纽约时报》对这本书的推荐语是：读懂特朗普为什么能赢。这本书的作者万斯书写的地理坐标叫米德尔敦，是美国著名的"铁锈地带"。这里曾因水利便利、矿产丰富而成为重工业中心，拥有引以为傲的市中心，然而随着钢铁产业的没落，工厂被废弃，机器布满铁锈，市中心沦为废墟，商店寥寥无几……[1]

---

[1]　彭兴庭.资本 5000 年：资本秩序如何塑造人类文明［M］.北京：中国友谊出版公司，2021：268.

在我的家乡黑龙江，也有这样一座曾经辉煌而后又没落的城市。鹤岗，曾经是国家重要煤炭基地之一，与鸡西、双鸭山、七台河并称"黑龙江四大煤城"。煤炭是这座拥有百万人口的城市运转的血液，可资源逐渐枯竭，让这里因贫血而乏力。"花两万，整套房"，让这座东北小城闻名全国，首个财政重整地级市、取消公开招聘政府基层工作人员计划，让人揪心。

像米德尔敦、鹤岗这样的资源枯竭型城市如何转型，在全世界都是一个难题。处于"铁锈地带"的城市提出了不同的解决方案，在实践中有的城市和地区擦亮了"铁锈"，实现了复兴，也有的城市转型失败，依旧"锈迹斑斑"。从历史的经验来看，实现复兴的包括德国鲁尔工业区、英国伯明翰以及美国匹兹堡等，转型失败的典型则是底特律。

第二次世界大战结束后，战败的德国经济凋敝，鲁尔工业区萧条的景象随处可见。20世纪80年代以后，当地政府将独立运作的博物馆、休闲娱乐、景观公园、购物旅游等统一开发成"工业遗产之路"参观路线，使鲁尔工业区重新焕发生机。北京石景山区采取了同样的思路，以冬奥会为契机，加快推进首钢工业遗存保护，在北京冬奥组委、滑雪大跳台、首钢三高炉等工业遗存保护项目完成之后，老厂区已经从"工业锈带"变身为活力秀场。与之相反，转型不太成功的"汽车城"底特律，未能经受住2008年国际金融危机的冲击，一度宣告"破产"。

关于"铁锈地带"转型的经验教训，一种比较有代表性的看法是：东北三省必须以"壮士断腕"之气魄，"啃国企改革硬骨头"，确立国有企业的"市场主体"地位，让企业按照市场规律，而不是靠政策的优惠来获得竞争优势。这种看法有一定的道理，但无法从根本上解决问题，因为国企改革的问题是第二位的。

东北和南方经济发达地区差距最大的是政府：东北一些地方官员仍没有跳出"东北三省就是要发展重工业"的思维，而且东北一些地区还没有形成适合风险投资的生态系统，"投资不过山海关"的魔咒仍未被完全打破。东北想要真正振兴，首先必须要打造创新型政府。

政府究竟应该在经济增长中扮演什么角色？

主流的新古典主义经济学理论认为，政府应该坚守基本原则——提高教育质量，培养高素质的劳动力，通过制定明确的规则为公司创造公平竞争的环境。政府可以干预经济，但仅限于修正市场，而不是直接创造、塑造市场。但这套理论在很多核心议题上，抽象掉了政治、社会、历史等很多重要因素，也不考虑"国别"。发展中国家所采用的资源动员和配置方式，应该因地制宜，与发达国家有所不同。

在新经济时代，即使在一些发达国家和地区，比如硅谷，在财富创造的过程中，政府也不仅是管理者，还是关键的参与者，而且通常更勇敢、更愿意承担企业不愿承担的风险。这些政府投资产生了革命性的影响，创造出全新的市场和产业，换言之，政府不仅"修正"市场，还在创造和塑造市场中发挥了关键作用。[1]

---

① ［英］玛丽安娜·马祖卡托.创新型政府：构建公共与私人部门共生共赢关系［M］.李磊，束东新，程单剑，译.北京：中信出版社，2019：5.

美国这么多年的一个重要做法就是政府深度介入科技创新活动，这与口口声声所宣称的"小政府大市场"恰恰是大相径庭的。在美国，政府不仅是公司规则制定者、产品购买者，也是早期系统开发的资助者。在大学计算机项目中，接受政府资助的占70%；电子工程的最初动力来自两次世界大战带来的军事需求；超级计算机的主要用户是军队、安全局和核武器实验室；第一批硅晶体管用户是空军及导弹系统，第一批集成电路用户是宇航局；互联网源于美国国防部高级研究项目局（DARPA），万维网则由欧洲粒子实验室发明……①

在亚马逊宣布将建立北美第二总部后，很多城市争相表示，它们是建立这个新项目的最佳场所。为了把这个能创造大量就业和投资机会的金主吸引过来，北美有多达200多座城市参与了激烈的竞逐。为了获得约2.5万个就业岗位，纽约州地方政府承诺，为亚马逊提供约15.25亿美元的税收减免优惠，弗吉尼亚州和阿灵顿县政府则提供约5.7亿美元直接补贴。

当时这些竞相"追求"亚马逊的政府受到了很多嘲讽，然而，在吸引一个类似于亚马逊第二总部那样高端的企业之后，城市是否能从中受益呢？有明显的证据表明，城市作为一个整体，是可以从一项巨大的投资中获益的。学者研究了不同城市招商引资的情况，结果他们发现，那些备受企业青睐、在招商引资中名列前茅的城市，其所在地区的全要素生产率平均比那些当年错过这些

---

① 彭兴庭.资本5000年：资本秩序如何塑造人类文明［M］.北京：中国友谊出版公司，2021：282.

企业的城市高出 12%。这也是纽约通过财政补贴支持亚马逊在当地建厂的依据：作为一项投资，这笔补贴非常划算。[①]

在科技创新活动中，中国也已经形成了"举国体制"这一重要法宝，这与市场机制并不冲突，两者是相辅相成、相互促进的。[②] 国内新经济发达地区的政府，在私募市场发挥主导作用的风险投资领域，也发挥了巨大的作用：合肥被称为"最牛风投城市"，深圳国资委被称为"白衣骑士"。

合肥花费了百亿元引进京东方，最终京东方在多项领域做到了世界第一；与兆易创新合作成立长鑫存储，让我国拥有了内存芯片的自主产能；在蔚来最为危难的时候伸出援手，使蔚来汽车起死回生。一系列"神操作"让这个内陆省会一跃成为"风投网红"。

2008 年的合肥，财政预算收入 301 亿元，归属地方的只有161 亿元，想投资京东方建设一条 175 亿元的产业线非常困难，经济和政策决策风险都很大，当时的领导班子下了很大决心，甚至传说一度要停了地铁项目来建设这条产业线。相对于"赌城"的名号，合肥当地政府领导更认可这是"十年磨一剑"的模式。

蔚来汽车董事长李斌说合肥政府有许多小细节让他很有感

① ［美］阿比吉特·班纳吉，［法］埃斯特·迪弗洛.好的经济学：破解全球发展难题的行动方案［M］.张缘，蒋宗强，译.北京：中信出版社，2020：207–208.

② ［英］玛丽安娜·马祖卡托.创新型政府：构建公共与私人部门共生共赢关系［M］.李磊，束东新，程单剑，译.北京：中信出版社，2019：230.

触："在与合肥的合作正式落地之后，许多汽车产业的朋友都跟我说……接到了来自合肥的各种各样的电话，基本上是把我们公司，包括我个人都调研了个底朝天。合肥在这一方面体现出来的投资专业性，是非常让我敬佩的。"[①]

但这还不足以回答最关键的问题：合肥为何突然就具备了这样的能力？

或许我们能从深圳原副市长的话里找到答案。他认为，合肥是被长期低估的一座城市，它是综合性国家科学中心，有中科大、有 12 个科研所，全国已经建成和正在建设的 38 个重大装置当中，有 8 个在合肥，合肥是一个科学家云集的城市。另外他还提到一个关键因素：合肥的位置比深圳好，深圳的区位是出海最好的，开放大循环最好，但要走向对内和对外两个循环，看起来还是合肥更好。在高铁时代，一座城市因为高铁彻底改变了自己的空间位置，合肥就是典型，它马上要变成 12 条高铁的汇集地。大家想一想深圳有几条高铁呢？

同时他还对比了东北和深圳的差别：东北设备是重型的，深圳的设备一定是轻型的。因为轻型设备可以拆开去分工，但是重型设备就很难拆，这也导致了生产重型设备的企业一定是一个巨大企业。一个巨大企业什么事都自己干的时候，效率就一定会低于社会分工。深圳现在更多的产品是科学引领，物质量在减少，科学含量在大幅增加。

---

① 他们眼中的"万亿合肥"如何练就？（2021-06-15）.https://baijiahao.baidu.com/s?id=1702568544783246440&wfr=spider&for=pc.

这种社会分工协作，在深圳国资委的投资模式中体现得最明显：入股的各类企业，深圳国资委基本都不直接参与经营投资，充分尊重企业自身管理运作。之所以做出这样的选择，是因为深圳国资委学习的是新加坡的"淡马锡"模式。新加坡政府通过设立淡马锡控股公司，将国有资产的经营全权委托给商业公司运营，财政部仅在淡马锡董事会人选上行使一般股东职责，政府不干预淡马锡及其子公司日常管理，使得关联企业可以长期稳定发展，持续为股东和新加坡的国家储备创造源源不断的财富。

对于有些学者担心的"国进民退"的问题，其实单纯以"国有"和"民营"的方式来区分并不科学，以专业和非专业、机构和非机构来区分更合理。不论是国有还是民营，专业的、机构化的都应属于同一类：像美国中央情报局下属的风险投资公司 IQT，照样可以投出 Keyhole，培育出谷歌；像合肥、深圳这样的城市，也一样可以成为"风投网红"。而那些不专业的投资机构，即使资金全部都来源于市场，依然摆脱不了被淘汰的命运。

综合全球的经验教训，做好以下 4 点，"铁锈地带"也能成功翻身：

第一，需要打造一个创新型的政府，敢于积极主动地参与到新经济浪潮中。政府的作用不只是寻找、挑选赢家，然后通过招商引资把他们引进来，还要能够预见经济发展和技术变革的方向，进而直接创造、塑造市场，而不是仅限于"修正"市场。

第二，找到适合自身地区发展的战略。对落后地区的政府来说，一个很大的挑战是如何挑选宏观发展方向，只有在确定大方向之后，风险投资才会参与进来，企业才会对这些方向和领域的未来发展满怀期待。

第三，政策一定要有延续性。合肥"意外"爆红的背后，是它已经沿着这条路默默低调努力了近 20 年。如果从 1970 年"倾囊而出"支持中科大搬迁到合肥开始算起，这个内陆省会已经"科里科气"了 50 多年。在这期间，时代的变化、领导的换届，都没有动摇其主动追寻科技创新的步伐。

第四，创新型的政府要敢于承担风险。与人们的直觉相反，其实政府投资适用于各类充满风险和不确定性的研究，因为有时私人资本不愿意投资一些激进的产品和新兴行业，因此最不确定的投资便由政府首先启动。成立于 1958 年的 DARPA 在过去 50 多年里，推动了互联网、自动驾驶汽车、隐形技术等改变世界面貌的创新技术发展，成为很多国家争相复制的模式。日本启动了模仿 DARPA 的 Moonshot 项目，德国成立了联邦颠覆性创新局，英国版 DARPA 被命名为"高级研究与发明局"。

我国的地方政府直接介入投资领域，也需要经历一个学习曲线，不断进行试验才能积累经验，失败在所难免。深圳市委书记在央视节目中表示，会包容天使投资的失败，政府最高会承担天使母基金 40% 的损失，这个表态给天使母基金管理者极大的精神支持。深圳天使母基金规模已达 100 亿元，是国内规模最大的天使投资类政府引导基金。目前，上海、苏州、常州、东莞、广州、天津、重庆、成都等地纷纷设立天使母基金，通过天使引导基金带动早期投资的做法蔚然成风。

在中国这样一个超级大国内部，不同地域、不同历史的城市之间，发展方式、路径和风格也不尽相同。中国几百家政府引导基金之间的差别也很大，这种差别不亚于发达国家和第三世界国家的区别。有的地方政府引导基金，居然还要求来募资的风险投资机构签对赌协议，优质机构肯定不会签对赌，所以只能陷入恶性循环。具备发展潜力的地方政府，一定是敢于承担风险的，而不是通过对赌协议来实现"保底"的政府。

近年来，东北的地方政府也开始解放思想，增加和投资界的交流。在我们主办的中国母基金峰会上，每次看到来自东北的创投机构，我都倍感亲切。虽然东北新经济发展取得了一些进步，但和发达地区相比还远远不够。

2019年，一家媒体在盘点"被创业者抛弃的城市"时这样描述哈尔滨："共和国长子"改革开放的机会没轮上，等到互联网革命时发现已经赶不上了，还落下一身毛病。近几年哈尔滨也着急忙慌地上马了一堆创新、创业或者高技术产业扶持政策，但能让人记得的大多仍是企业被刁难、办事很麻烦的各种故事。这一背景下，流失的不仅是人才，甚至还有制造人才的高校——哈尔滨工业大学都跑去深圳搞校区了。

振兴东北，依然任重道远。即便如此，还是希望我的家乡在新经济时代早日"除锈"成功，彻底打破"投资不过山海关"的魔咒。

第五章
新经济资本争夺战

　　剑桥大学与哈佛大学最新联合发布的《伟大的科技竞争：21世纪的中国与美国的较量》报告显示：中国科技在快速上升，对美国在科技领域的优势构成了挑战，"在一些领域，中国已超过美国，而在其他领域，中国将在未来10年超越美国"。

　　面对中美科技竞争，中国迅速做出了响应，其中最重要的对策之一就是资本市场的变革，相继推出了科创板和北交所，重点支持国内硬科技领域的中小企业发展，帮助它们缓解发展早期资金匮乏的问题，大量国有资金进入一级股权市场，通过政府引导基金等形式推动科技发展，中国股权投资市场募资显著回暖，年度募集金额进入2万亿时代。

　　与此同时，国内投资行业"内卷"也愈演愈烈，有些早期投资机构逐渐往后期发展，从天使、风投、并购发展到母基金，实现了投资全阶段的覆盖。而有些后期投资机构也开始向早期渗透，比如高瓴资本成立了专注早期的高瓴创投，规模高达约100亿元。

除了资本层面的直接争夺，在新经济的"隐蔽战线"，还有很多你死我活的代理人战争。从更本质的层面上来看，这些代理人战争，只是资本战争的子战役，但激烈和复杂程度甚至有过之而无不及。

穿越"完美风暴"

世界上每天都有风暴，但能够集齐三个截然不同而且不断增大的威胁，从而掀起一场摧毁性极强的惊涛骇浪的不多。1991年10月27日，一个向北移动的巨大冷锋即将撞上从加拿大海岸向南移动的高压系统，而飓风"恩典"带来了难以估量的热带能量，为一场完美风暴的到来做好了准备。这个场景在一部电影大片中被永远记录，"完美风暴"也因此作为一个术语被固定下来。①

"资管新规"、中美冲突、新冠肺炎疫情，这三股强大的力量恰巧罕见地汇聚在一起，掀起了一场在中国投资行业的"完美风暴"。

2018年"资管新规"出台，开启了大资管行业统一监管的新时代。新规主要是针对中国百万亿元的"大资管"，私募股权行业这十万亿，属于"被误伤"的对象。不管是不是"被误伤"，不可否认的是，新规之后人民币基金募资难、投资难、退出难成为普遍现象，行业进入了优胜劣汰的出清阶段。

① [奥]维克托·迈尔－舍恩伯格，[德]托马斯·拉姆什. 数据资本时代 [M]. 李晓霞，周涛，译. 北京：中信出版社，2018：132.

特朗普当选美国总统后挑起的中美激烈冲突，使部分美元机构出资人的态度出现了微妙的变化，一些养老基金、捐赠基金和家族办公室等海外大型机构投资人，开始要求其所出资的基金，对中国市场一些敏感的高科技领域进行回避，甚至暂停了出资。

全球疫情暴发后，更大的募资风暴开始席卷美元基金。美国和欧洲本土的基金募资都很困难，对于远在万里之外的中国市场美元基金，出资人无法面对面地沟通交流、尽调，只能把重点放在已投基金、已投公司上，新基金募资难度非常大。雪上加霜的是，疫情让全球主权财富基金、养老金等遭受巨大损失，导致其注入私募股权的资金也急剧缩水。

这场"完美风暴"带来了三个重要变化。

首先是投资机构加速优胜劣汰。2014年"双创"开始，受到政策推动和风险投资超高回报的吸引，机构投资者和个人投资者将大量资金投入风险投资行业，直到2017年达到顶峰，中国私募股权投资机构突破上万家，同期美国只有不到5 000家。"资管新规"横空出世之后，资本泡沫被迅速戳破，一些没有专业能力的中小投资机构迅速被市场淘汰或者成为"僵尸基金"，部分知名基金也遭遇了募资难问题，少数头部机构反而频繁超募，吸引了大部分资金，不断挤压中小投资机构的生存空间。

其次是投资领域的"硬核化"。2001年，中国加入世界贸易组织，外贸进出口总值首次突破5 000亿美元大关，那时经济还处在以外贸为主的"重商主义"阶段。20年后，中国经济已经从"国际大循环"走向"以国内大循环为主体、国内国际双循环相互促进"的新发展格局，华为、商汤科技等一批高科技公司被推上神坛，贸易型公司则光环不再甚至饱受诟病。

随着中美科技竞争的白热化，双方的投资机构投资对方的"硬科技"都越来越难。这也导致以国有资本为主要出资来源的母基金投向发生了深层次的根本性变化。国家集成电路产业投资总规模千亿以上，极大地促进了中国芯片半导体领域投资，未来谁能更好地服务"硬科技"的国家大战略，谁就能拥有更好的战略生存空间。

最后是退出渠道的变化。面对中美科技竞争，中国迅速做出了响应，最重要的对策之一就是资本市场的变革，相继推出了科创板和北交所，重点支持国内硬科技领域的中小企业发展，帮助它们缓解发展早期资金匮乏的问题。从美国转到香港地区上市的独角兽，和大量内地赴港上市的独角兽一起涌向港交所，造成IPO排队太多，上市速度变慢，而且它们的体量也太大，香港资本市场并不能完全消化。另外香港资本市场对新经济公司并不像美国那样追捧，对独角兽的估值大部分情况下低于美国资本市场。所以，虽然港交所起到了重要的对冲风险作用，但还无法完全替代美国资本市场。

2021年是中国科技公司的伤心之年，全球强监管叠加中美摩擦等多方面的复杂原因导致股价大跌，市值大幅缩水。腾讯和阿里巴巴全年市值合计蒸发将近6万亿元，快手市值蒸发1.3万亿元，初步估计全年中国互联网科技公司市值蒸发近10万亿元。当年美股和港股IPO的十大中国公司已经全部破发。

作为中国企业风险投资的生力军，这些科技巨头市值大幅缩水，也导致其投资能力受损，并购速度放慢。2021年年底，腾讯宣布，将所持有的约4.6亿股京东股份作为中期股息派发给腾讯股东。派发完成后，腾讯持有京东股份占比将从17%降至2.3%，腾讯总裁刘炽平也将卸任京东董事。这种创新性的"退出"方式，不但提前规避了将来可能的反垄断风险，还有效地提振了投资人的信心。

按照既有安排，"资管新规"过渡期将于2020年年底结束。但由于经济下行压力加大，关于延长过渡期的讨论一直不断，央行原副行长吴晓灵就曾建议延长两年至2022年年底。新冠肺炎疫情的突然来袭，进一步强化了过渡期延长的必要性，最终有关部门审慎研究决定，"资管新规"过渡期延长至2021年年底。

此外，备受关注的"私募条例"难产多年，导致行业一直缺乏顶层设计。这个中国私募基金行业最高级别的监管文件，何时落地仍是未知数。乐观者认为，"私募条例"有望以行政法规的形式对私募监管规则予以明确和统一，可以避免私募监管的公募化，同时将根除行业多年来的各种乱象；悲观者认为，"私募条例"无法解决行业内存在的一些关键问题，甚至将带来新的混乱，只是一把悬在行业头顶的"达摩克利斯之剑"。从全球大监管趋势和国内法律法规的实施情况来看，至少在未来两到三年之内，国内仍将处于强监管周期之中，行业面临的合规压力将越来越大。

拜登当选美国总统之后，使国际社会对中美关系的正面预期增加，向中美两国和世界发出了强有力信号。中美双方通过各种方式保持密切联系，推动两国关系向重回健康稳定发展的正确轨道前进，表面上看贸易摩擦本身在短期内得到解决的可能性比较大，然而，围绕科技霸权与安全保障的冲突恐怕会持续很长时间，两国全方位竞争并不以个人或某个政党的意志为转移。

疫情方面，世界卫生组织总干事谭德塞强调，全球范围内，在 2022 年，有能力与信心控制新冠的流行，逐渐回归正常生活。虽然国内外专家都信心满满，多国也放松了对疫情的管控，但不知不觉中我们已经与疫情共存两年多了，在变异毒株不断出现的情况下，2022 年真的会是新冠大流行的最后一年吗？

既然短时期无法结束，那么究竟如何才能穿越这场"完美风暴"？

沈南鹏曾公开谈论他对中国投资"过热"的看法："我感觉只有一种方式可以调整投资市场，就是优胜劣汰。作为一个有自己原则的投资人，你可以按照自己的原则投资，不必受外面市场大波浪的干扰。"①

这段话体现出了头部机构的真实想法和强势文化，它们不受短期市场波动的影响，甚至有时候大环境的危机对头部机构反而是好事。全球主权财富基金在疫情冲击下规模大幅缩水，随着短期波动结束，其规模随即回升。中国凭借在全球疫情中出色的表现以及巨大的市场，成为海外大型投资机构的投资首选配置地，中东、南美等非传统欧美出资人进入中国，会优先从头部开始投，

---

① 钱颖一.钱颖一对话录：有关创意、创新、创业的全球对话［M］.北京：商务印书馆，2021：195.

从熟悉的开始投，中小投资机构只能望洋兴叹。

　　大环境的剧变，还对头部机构产生了一个意外的利好，即它们凭借强大的募资能力，开始通过入股"收编"一些中小机构，并且减缓了内部优秀投资人自立门户的冲动。在募资如此艰难的情况下，一些原本有计划"单飞"的优秀投资人都开始观望，在这种情况下还能出来并且成功募集的，大部分都是已经证明过自己的"超级经验者"。

　　双币，是所有希望跻身头部的机构绕不开的一个坎。很多人民币做得非常优秀的投资机构，到了国际资本市场却得不到传统美元出资人的认可，产生了巨大的心理落差。要想在国际资本市场上获得信任，在没有品牌和人脉背书下很难，不仅仅是挖一个懂美元募资的人这么简单。

　　对双币基金来说，最大的风险在于中美两国的科技正在迅速脱钩，这将对未来发展产生巨大影响：中国的美元基金未来将很难参与美国高科技投资，而美元背景的投资人也很难参与中国敏感领域的高科技投资。在国有资本成为出资主力的时代，在服务国家大战略成为主旋律的时代，在人民币基金退出渠道彻底打开的时代，未来人民币基金将会成为中国私募股权行业的主流。

　　有些美元出资人认为，最优质的项目，最好的业绩回报，就应该是美元基金的，而不应该是人民币基金的。如何安抚好这部分美元出资人，处理好利益冲突，对双币基金是个考验。目前的头部美元基金中，有些管理规模过百亿的，其人民币基金只有十几亿元，美元和人民币的利益并不那么容易平衡。要想打破美元基金对人民币基金的"鄙视链"，仅仅如此还远远不够。要想赢得美元基金的尊重和市场的尊重，最终还是要靠业绩说话。

一些投资人认为，在中美科技竞争愈演愈烈的大背景下，我们即将迎来史上最大的"科技泡沫"。一二级市场倒挂导致很多独角兽估值虚高，国内外各个资本市场的估值体系并没有统一，一部分独角兽的高估值只是享受了国内支持高科技发展的红利，比如一些人工智能企业订单收入极低，但估值已经"上天"，很可能成为戳破这轮科技泡沫的第一类独角兽。甚至有投资人直言不讳："这段经历多年后会成为很多投资人不愿提起的悲伤回忆。这也应该是我从业十几年来投资圈最大的一次泡沫，记忆中上一次这样疯狂的时刻还是清洁技术领域的投资。"

投资的内卷时代

"一级市场内卷化"其实并不是一个新命题，无非是大机构挤压小机构的生存空间。以前这种现象叫作"马太效应"，现在换成了更时髦的"内卷"，还是新瓶装旧酒。

投资机构供给侧过剩让一级市场必然需要优化，而出资机构水平不断提升，也对投资机构提出了更高要求。"内卷"淘汰了很多没有想法的机构，倒逼投资机构完善自己的专业能力，来应对高强度全方位的竞争，更重视自己的受托责任与勤勉义务，增强品牌信任度。

嘉御资本创始合伙人卫哲认为，投资行业"内卷"是好事，意味着不需要增加太多出资人，每次基金带来几倍的高回报，出资人挣的钱里有一半再投到下一期基金，基金规模就放大了。嘉御投出了4家千亿市值公司，卫哲对公司的几个主要创始人说："您现在都是几百亿身家，这是我们共创的市值，我们作为机构管理其中的1%就足够了。"所以嘉御不需要在外面找新的出资人，如果前面以终为始，退管投做好的话，募资是水到渠成的事。

一些投资机构抱怨，在国内募资市场上，出资人不成熟，要求比欧美还多，有太多"中国特色"的诉求。对此，光大控股管理决策委员会委员王欧有不同看法，他认为美元出资人也不只是要求单一回报，尤其是大型机构出资人，他们的诉求是全方位的，在美元市场上，也不是说只做好投资就可以了。所以不成熟的其实是投资机构，投资机构必须学会在这个市场环境中生根发芽，为出资人提供最好的服务，提供尽可能高的回报。

在残酷的募资战场上，小机构如果按照大机构擅长的模式去打，那么无论如何都是打不赢的。一位在风险投资行业摸爬滚打了10年的资深投资合伙人，在2021年中开启了创业者的身份，对于这个转身，他有自己的理解："现在投资圈内卷得太厉害，2015年出去募资，出资人问你们拿什么和红杉竞争？我反问他，我们可以当天决策、当天签合同，红杉拿什么和我竞争？可现在红杉也能做到快速决策，而且给的估值更高，我们拿什么和这种头部机构竞争？"

国际关系理论中，有一个"超限战"理论，是指超越"界限和限度"的战争。所谓超限，是指超越所有被称为或可以理解为界限的东西，不论它属于物质的、精神的还是技术的，因为对界限的超越就是对方法的超越。在中国投资界，也有两个"超限"的大趋势。

第一个是投资阶段的"超限"。欧美国家的天使、风投和并购基金有着相对清晰的区分，而国内这几年风投基金和并购基金越来越模糊，有些早期投资机构逐渐往后期发展，从天使、风投、并购、母基金，甚至已经拿到了财富管理的牌照，实现了投资全阶段的覆盖。而有些后期投资机构也开始向早期渗透。其实就是风投越来越觉得卖"单个鸭蛋"价值太低，想做卖"烤鸭"的后期生意，并购基金越来越感慨"烤鸭"太贵，不如从"鸭蛋"里面挑几个出来自己孵化。这样的跨界打劫在有些同行眼中有点儿"不讲武德"，却也是中国投资行业的残酷江湖生态。

第二个是专业能力的"超限"。最近几年涌现的这一批黑马基金，其创始团队的背景主要有三个特点：一是跟创新源头比如大学或科研院所关系紧密；二是有超越行业平均认知的顶级洞见，有些创始人以前就是大券商的首席；三是直接出身于产业，对某个细分产业的人脉、知识、门槛、规则等都有自己独到的经验和理解。

中小机构必须开辟一个自己擅长的战场，用自己擅长的方式去打，在利用好常规募资方式的同时，也要用"超限战"的思维，突破基金常规的募集形态，也就是毛主席说的"你打你的，我打我的，你打原子弹，我打手榴弹，抓住你的弱点跟你打，最后打败你"。

如果用"超限战"的思维来预测，那么未来这4类机构将会活得不错：

超级经验者。经历过募投管退、基金清算的完整周期，且有独特的投资策略及较高的业绩回报，真金白银地在市场做过事，尝到过甜头，积累了足够多的教训，更容易成为好的投资人。还有一种就是直接出身于产业，对某个细分产业的人脉、知识、门槛、规则等都有自己独到的经验和理解。

超级创造者。成功的创业者更愿意把钱交给熟悉信任的投资人，而不是陌生的大型投资机构。如果一个机构能够在新经济资本化的浪潮中，投出一些IPO或者被并购的大项目，并且对其有足够的扶持，那么得到反哺的概率很大，比如小鹏汽车的何小鹏，已经成为五源资本、昆仲资本等机构背后的出资人。

超级连接者。高质量地建立联系也是一种新的力量，无论是在国家层面、企业层面还是在个人层面，超级连接者都是一种极为稀缺的资源。比如跟创新源头单位像清华大学"姚班"或中科大及科研院所关系紧密，有独特的创新资源。这是一个看似没有门槛，实则门槛奇高无比的领域，要想成为某个领域的超级连接者，必须具备付出型人格、引领行业的专业能力和坚持打持久战的能力，三者缺一不可。

超级研究者。要看透未来不容易，尤其是在政策和趋势变化更加迅猛的中国。研究能力和实际投资业务相结合非常困难，连头部大机构也不容易做到，中小投资机构就更难。所以出资人愿意把资金配置到大机构，一个重要的原因是大机构经过多年的研究积累，战略已经相对成熟稳定，对未来有判断，风险相对较小。在这一轮互联网监管风暴中，某些大机构的全身而退，也验证了这一点。

还有一些机构独辟蹊径，突破了基金常规的募集方式，但也引起了很大的争议。比如一个非常热门的独角兽公司，颇受硬科技领域的投资机构追捧，于是提出了一个特殊的要求：投资可以，但同时也要出资一大笔钱到这个独角兽成立的基金。这让潜在投资人陷入了两难的境地：不出资将无法参与要上市的热门独角兽；如果出资，钱从哪儿来？将来能否回本不得而知，毕竟这个独角兽并没有投资经验。依靠这种非常规的方式，这家独角兽公司成功募集起了自己的基金。

纵观投资行业的发展，被时代"卷走"的机构，大部分都是没有自己的驱动内核和战略定力。前几年医疗概念大热的时候，很多投资机构开始布局进入。中美科技冲突之后，科创板推出，几乎所有的投资机构为了拿到国有系的引导资金，都在杀入这个赛道，而不管自己是不是具有这方面的基因，甚至连原本主投消费赛道的基金也开始转向硬科技投资，为了募资的诉求去应激性地、盲目地改变自身战略。真正成熟的投资机构，都有自己稳定的核心策略和整体的系统性思考，如此方能在穿越周期时，保持每一期基金的回报在一个较高的水平。

腾讯投资管理合伙人李朝晖，曾经在一次演讲中分享了创业者面对周期所应坚持的三个原则——"定位原则""长期性原则"和"真实沟通原则"，我觉得对投资机构也同样适用。

创业者和投资人，都需要找准自己的定位，而这种定位应该是根据自身的基因特点来决定的，而不只是为了应对募资需求；投资机构也应该以一个较长的时间维度去思考机构的投资策略和品牌策略，而不是在每一期基金募资的时候，根据市场风口和出资人的喜好去改变策略，一旦市场形成了对某一家机构的认知，再想去改变就很难了；真实沟通原则需要投资机构争取找到能够共渡周期的合作伙伴，寻求产业链上下游、生态体系中最合适的合作方、投资方，争取建立合作协同、相互信任的关系。

总体来看，中国风险投资的驱动力可以分为三个阶段：2015年之前是外资驱动阶段，国内投资机构背后的出资人基本都来自国外大机构；2015年至今是国资驱动阶段，随着国内"双创"的兴起以及中美科技竞争的需要，募资市场上国有资本已经占据绝对主流；未来是国资驱动和新经济驱动并存的时代，随着新经济公司退出渠道的不断完善，大量新经济资本回流到投资行业，成为一股不可忽视的重要力量。

投资机构的规模和收益成反比的定律，决定了这不是一个头部机构能够实现垄断的行业。无论是大机构还是小机构，如果专业能力不够，那么终将被时代淘汰。未来能够在不断"内卷"中幸存的机构，一定是有想法、有专业能力，能够提前预知大时代的变化，并且能够适应这种变化的机构。

宇宙的尽头

对美元头部机构来说，宇宙的尽头是上市。从 2007 年城堡投资集团的首次公开募股开始，黑石集团、KKR、阿波罗、橡树资本、凯雷基金等大批私募资本集团相继上市。2022 年年初，TPG 在纳斯达克上市，总市值达到 104 亿美元。

上市给私募资本集团带来的最大的好处，是促进集团内部的收购和创业投资。尽管非上市公司也能够进行收购，但是毕竟需要合伙人自掏腰包，这限制了收购的步伐，而上市能募集大量资金，能发行更多易于交易的股票。上市公司的薪酬方案也更容易让员工把注意力集中在对公司整体有利的事情上，而不是只为某只基金工作。

虽然上市意味着接受公众的监督、更严格的审查以及符合程式化的标准，但在并购活动中，已上市的基金还可以采用股权置换等多种投资方式，而不再局限于现金支付。此外，选择上市的另一个不容忽视的原因是，这给了创始人以及高级管理层从亲手创建的企业中获得回报的机会。另外，通过现金退出也可以帮助创始人将管理权顺利地过渡给下一代接班人。①

黑石集团创始人苏世民认为，如果预计的金融风暴真的到来，上市募集的资金可以减轻经济和心理上的压力。但黑石的联合创始人彼得列举了反对上市的一系列理由，比如对股东的责任和公

---

① ［美］贾森·凯利. 私募帝国：全球 PE 巨头统治世界的真相［M］. 唐京燕，译. 北京：机械工业出版社，2018：236.

众监督的风险。他又补充说："上市后，你就会成为一个公众人物，被人当靶子是很不痛快的事情，你一定不喜欢。"①

在 2008 年美国经济危机中，一些人对这种现象做出了反思：把华尔街的合伙制企业转变成上市公司的决定，看起来很像从山顶上被踢下来的第一块石头。将合伙制转变成公司制的主要后果是将金融风险转嫁给了股票持有人，若出了差错那是他们的问题。而且问题不只是他们的，当华尔街投资银行运营得过于糟糕，它的风险也会成为美国政府的问题。②

人民币创投机构上市的道路更加曲折。2021 年以来，深圳、广州相继发布扶持政策，探索优秀股权投资管理机构上市制度，鼓励和支持创业投资机构创新募资手段，通过上市、发行企业债、公司债券等固定收益产品，以及募集保险资金等方式，形成市场化、多元化的资金来源。

虽然有地方政府的支持，但具体落地措施并未明确细化，偶尔有机构传出要赴美上市，但是雷声大雨点小，更像是募资 PR（公共关系）。很多著名投资人曾公开表态，希望科创板能效仿海外市场，允许创投公司上市。他们十分不理解："为什么不容许投科创企业的创投公司上市呢？"

对于为何创业投资机构迫切期待上市，东方富海董事长陈玮

---

① ［美］苏世民．苏世民：我的经验与教训［M］．赵灿，译．北京：中信出版社，2020：268.

② ［美］迈克尔·刘易斯．大空头［M］．何正云，译．北京：中信出版社，2015：329.

在接受《证券时报》采访时举出了三大原因。

第一，优质创业投资机构能借助上市公司畅通的融资渠道，引导更多社会资源进入创投行业，补充创业投资机构资本金，做大创业投资机构的自有资金出资规模，进而放大创业投资机构的基金管理规模，提升创新资本聚集效率，扩大投资辐射范围，为中小企业提供更为多元丰富的融资渠道。

第二，能够切实解决创业投资机构自身的股权合理流动问题，发挥上市公司多元化的激励工具优势，优化创业投资机构的激励机制，吸引优秀人才，强化创业投资机构的投资管理水平，并以优质上市创业投资机构为标杆，对行业起到示范效应，提升创投行业整体的专业管理和服务水平。

第三，能够发挥上市公司的品牌优势，增加机构的公信力；同时，发挥资本市场的监管和信披机制，进一步提升行业的规范运作水平，增强投资者的信息透明度。

陈玮认为，可以优先考虑在深交所创业板试点，发挥深圳作为改革先行示范区的"试验田"功能，把创业投资机构视为创业服务类公司，率先摸索出一条允许、鼓励符合条件的头部创业投资机构通过 IPO、并购重组等方式登陆资本市场并做大做强的制度创新之路。

还有一种支持的观点认为，长期资本的缺乏导致中国私募股权基金的投资周期显著低于国外成熟市场，中国一般是 5~7 年，国外则是 10~12 年。创投机构上市之后有了长期资本的支持就可以较少受到私募基金募集周期的束缚，从而更好地把握投资机会。

反对者则认为，创投机构自己投资的项目，被自己控股的上市公司收购，这不是真正打通了股权投资的任督二脉，只是一二级市场联动的危险游戏，本质上不过是借控股的上市公司，将一级市场的风险转移给二级市场的投资者，让股民承担股权投资的风险。

从之前投资公司在新三板上市的实践情况来看，有些"精英"过于"聪明"，不但没有像政府预期和他们自己曾经承诺的那样去踏踏实实地支持国内创新创业，反而开始收购保险公司等金融机构，大玩资本运作，与政府的希望背道而驰，甚至有上市投资机构的创始人身陷囹圄。曾经政府和公众给过这样的机会，但被这些人搞砸了，如果再给一次机会，他们是否就能做得更好呢？

投资机构上市，在国内外都充满争议，如果将来国内真的允许投资机构上市，那么谁也不知道会有什么结果，或许会出现中国版的黑石、KKR，又或许这只会让更多人身陷囹圄。或许只有时间才能给出最终的答案。

第六章
新经济投资方法论

过去 20 年，硅谷科技公司崛起的背后，是全新投资方法论的结果。在新的估值模型中，点击量比短期赢利更重要，眼球比财务状况更关键。"互联网女皇"米克尔就是这场硅谷潮流的"造雨人"。

新经济伴随着巨大的不确定性，投资机构的成功是时代的红利，但这依旧无法解释为什么有的投资机构脱颖而出，而有的投资机构却销声匿迹，它们之间的区别到底是什么？究竟是靠投资方法论还是靠运气，或者二者缺一不可？

在私募股权市场，越来越多的投资人开始强调价值投资，但一级市场到底有没有价值投资？这个问题难有定论。有些投资人同时投资于一级市场和二级市场，关于这两个市场的差异，他们比较一致的看法是：二级市场的核心就是赚钱；一级市场的投资必须有爱，如果没有爱，就很难穿越漫长的投资周期。

点石成金的"女皇"

自从 1998 年媒体首次用"互联网女皇"盛赞米克尔之后，这个无与伦比的称号就一直伴随着她。她是最早看到互联网蕴藏的巨大潜力的先驱者，是最早向大众普及互联网公司的推广者，也是最早预见到未来发展趋势的预言者。

对谷歌和雅虎这样的公司大力推崇，在当时并不是一件容易的事情。一开始没人把它们当回事，硅谷的传统观念是，你不能用一款免费的产品做生意，人们会问，怎么才能在这件事上赚钱？米克尔打破了这种传统，在网景首次公开上市后，她创立了一种全新的方法论：根据网站访问者或用户未来价值的大小，对公司估价。她最早指出，点击量比短期赢利更重要，眼球比财务状况更关键。此后成百上千的互联网公司纷纷上市，当它们的股价狂飙时，再也没有人对此大惊小怪，一个新时代开始了。

凯鹏华盈在努力了 10 年之后，终于从华尔街挖来了她，负责总额 10 亿美元的数字增长投资基金。凯鹏华盈合伙人舍莱恩评价说："世上只有一个米克尔。过去 30 年，没人能像她一样一直站在时代前沿，预测与理解大多数主要科技趋势。"

但批评者指责说，从一开始她就打破了分析家与投资者之间的界限。分析家更应该是一位旁观者，一种冷静的角色，客观地告知投资者分析结果。一位国内著名投资人评价道："有多少真知灼见倒不一定，她更像是 NBA 的啦啦队，而不是独立的评论员。"

尽管如此，米克尔每年发布的互联网报告依然是人们最为看重的预测。她总能收集到海量的数据，逻辑严密地得出自己的结论，预见到下一个趋势的到来。2004 年，她发布了《中国互联网报告》，预计中国互联网公司市值会在 5 年内超过日本，这是美国华尔街首次大规模看涨中国新经济。这些年来，国内的科技公司也纷纷以在报告中被"女皇"点名为荣。

除了"点击量决定论"，还有"人才决定论"，"市场决定论"和"技术决定论"等不同流派。

美国早期风险投资家阿瑟·洛克是"人才决定论"的代表性人物，他以投资了从仙童半导体离职创业的"八叛徒"而闻名。这群人都是刚毕业的博士生，年轻而且当时没有什么可以证明自己的成就，是洛克发现了他们的能力和价值。这笔投资体现了他以人为本的投资风格，他后来解释说："我通常更关注准备商业计划的人而不是计划本身。"[①]

3G 资本创始人雷曼曾提出过 PSD［Poor（出身贫寒），Smart（聪明能干），Desire（渴望致富）］的人才标准。这位巴西金融大鳄深信，符合 PSD 人才标准的人更容易成为成功的创业者。

"小镇青年向上的欲望，是中国经济发展的长期动力。"这是梅花创投创始合伙人吴世春的论断。在他投资的创业者中，有许多普普通通的创业者，即所谓的小镇青年。他对这些小镇青年有很高期望："在一个充满机遇、竞争公平的社会里，财富就应该不断地被这些勤奋的年轻人创造和再分配，因此我为梅花创投

---

① ［美］汤姆·尼古拉斯.风投［M］.田轩，译.北京：中信出版社，2020：227.

定下的使命就是帮助聪明的年轻人成为伟大的企业家。这些年来，梅花创投一直致力于投资新经济，给新经济领域中的年轻人一个实现梦想、通过创业改变人生的机会，这个信念从未改变。"

五源资本创始合伙人刘芹认为，风险投资看起来是在做投资的事情，但是本质上还是去解读人、挖掘人："我们发现那么多优秀的公司背后，都是一个对人的识别和对人的长期陪伴的过程。所以风险投资到底在干什么？我觉得风险投资本质上是在投人。重要的事情说三遍，投资人，投资人，还是投资人。"

也有一些投资人虽然也坚信"投资就是投人"，却多少有那么一些年龄歧视。曾投资过谷歌的一家美国著名风投的投资"秘诀"之一是，创始人必须是 30 岁以下，后来甚至把这一门槛卡到了 25 岁以下。国内某著名投资人也曾被爆出不投 60 后的创业者，还有一些投资机构宣称只投 90 后，连 80 后都不投了。如果按照这种逻辑，那么势必会错过中国互联网最近 10 年最大的两个机会：拼多多创始人黄峥出生于 1980 年，字节跳动创始人张一鸣出生于 1983 年。

BOSS 直聘创始人赵鹏就曾经遭遇过这种尴尬。2013 年，43 岁的他决定创业："当年正好有一个投资大佬在宣传，只投 90 后。我真的特别羞愧，觉得自己年纪有点儿大，是真的绝望，但就是想搞一点儿事情。"好在最终 BOSS 直聘在纳斯达克成功上市，市值一度突破千亿元。

对红杉资本创始人瓦伦丁而言，好的投资机会意味着有效地筛选市场，而不仅仅在于人。在红杉投资思科之后，瓦伦丁最终换掉了创始人夫妇。甲骨文联合创始人埃里森为他称为"冷酷"的条款感到悲哀，在这些条款下，风投的做法是为创新企业提供资金，然后用专业管理人取代创始人。虽然埃里森和瓦伦丁之间相互尊重，但埃里森还是发表了《对风险投资说"不"》的演讲，批判了风投毫无根据地换掉创始人这种做法的流行。[1]

在国内，信奉"人才决定论"的投资机构一般在某个赛道中只会选择一个创业者，与真正的创业者一起奔跑，争取与最卓越的创业者一起创造下一个时代；而信奉"市场决定论"的投资机构会同时投资两个甚至多个团队，让他们在同一赛道中"赛马"，谁笑到最后谁就是赢家，如果最终旗鼓相当，就促成他们合并。

从投资者的角度，很难说这两种策略谁对谁错，毕竟腾讯就用"赛马"的机制赛出了微信，国内一些其他科技巨头也有类似的机制。从创业者的角度来说，创始人肯定喜欢只支持自己的机构，而不喜欢被当成"备胎"或者"赛马"的工具人。

对信奉"技术决定论"的机构来说，由于投资领域是半导体、生物大健康和新能源汽车等硬科技，所以最重要的还是独特的技术。这些投资机构最青睐的创始人是名校的教授或者毕业生。备受"技术决定论"的投资机构追捧的商汤科技，其创始人汤晓鸥教授是麻省理工学院的博士，联合创始人王晓刚是汤晓鸥在麻省理工学院的校友，联合创始人徐立和徐冰在香港中文大学获得博士学位。商汤科技拥有亚洲最大且水平最高的研究团队之一，拥

---

① ［美］汤姆·尼古拉斯. 风投［M］. 田轩，译. 北京：中信出版社，2020：266.

有 40 位教授，250 多位博士，超 3 500 名科学家和工程师。

在中美科技竞争的大时代背景下，像汤晓鸥这样的教授正在成为投资界争夺的核心群体，投资机构去高校和科研院所深挖各种"技术大神"，递上估值不菲的投资意向书。中国科学家姚期智获得图灵奖后在清华大学创立了"姚班"，"姚班"毕业生创办的旷视科技等一批新经济科技公司成为风投追逐的重点，甚至一些机构在募资时，都会特意强调自己有"姚班"资源或者有团队成员出自其中。

不过要想在科技投资领域有所建树，对投资机构本身的要求也是极高的。以半导体领域为例，这个赛道的投资人一般都有着卓越的工程背景：华登国际创始人陈立武是新加坡南洋大学理学学士和麻省理工学院核子工程学硕士；武岳峰资本联合创始人李峰毕业于清华大学，又在麻省理工学院读了硕士和博士；元禾璞华管理合伙人陈大同是清华大学半导体专业 77 级学生，去斯坦福大学攻读了博士后，先后在硅谷和上海将两家半导体公司——豪威科技和展讯通信，带到纳斯达克上市。

清科集团创始人倪正东感慨："5 年前，谁要说自己投资半导体，别人会觉得你傻，但今天没有一个主流基金不在投半导体。"投资界文章曾描述过当投消费的机构投起硬科技时出现的荒诞场景：拿着基金投过的消费品牌作为礼物送给创始人，比如日复一日地送奶茶等。有投资人知道一家芯片公司创始人喜欢跑步，于是一到双休日就约跑。但其实大家很清楚，不懂科技还想打动这个领域的优秀创始人非常难。

放眼全球，投资方法论的流派当然不止这几种，而且有的投资人认为，投资赚的其实就是"反共识"的钱，要有自己差异化的打法，方法论其实并不重要，重要的是找到自己适合的，践行知行合一。

一级市场需要新式价值投资

2017 年 12 月 18 日晚，中国嘉德"四海崇誉庆典之夜"古代书画专场上，乾隆皇帝最欣赏的画家徐渭的《写生卷》成为焦点，最终以 1.27 亿元成交。徐渭，号青藤居士，明代著名文学家、书画家、戏曲家，多才多艺。怪才郑板桥一生狂傲，谁都不放在眼里，但他随身携带一方大印，上面刻着"青藤门下走狗"。连齐白石都曾感慨，恨不能早生 300 年，为青藤磨墨理纸，如果他不接受，在门外饿死了，也值得了。

投资界能有此等待遇的，恐怕也只有巴菲特了，他的天价午餐拍卖价格已经超过 3 000 万元，就连他的合伙人芒格也已经封神，被一些中国投资人称为"当代孔子"。二级市场上，巴菲特和芒格推崇的价值投资理论深入人心，并且逐渐渗透到新经济领域。

在风险投资所在的一级市场也有价值投资吗？

价值投资在中国能不能实现这个问题，曾经让芒格的学生、喜马拉雅资本创始人李录困惑了很多年，而且价值投资的理念在二级市场也有诸多争议，所以首先要搞清楚，价值投资到底是什么意思。

张磊认为，价值投资最重要的标志是研究驱动。对于一家专注研究的投资公司，核心能力就是对商业本质的敏锐洞察："在高瓴刚创办时，就要求每一位研究人员尽力成为行业专家，而且是独立专家，把行业来龙去脉看清楚。最好的分析方法未必是使用估值理论、资产定价模型、投资组合策略，而是坚持第一性原理，即追本溯源，包括基本的公理、处世的哲学、人类的本性、万物的规律。"[1] 在他看来，无论是格雷厄姆还是巴菲特的价值投资，都面临一些困境，需要结合时代背景不断创新发展。如果说价值投资的出发点是发现价值，那么其落脚点应该是创造价值。创造价值需要投资人与创业者、企业家一起，用二次创业的精神和韧劲，把对行业的理解转化为可执行、可把握的行动策略，帮助企业减少不确定性，最大限度地抓住经济规律。

这种长期结构性价值投资，是相对于周期性思维和机会主义而言的，核心是反套利、反投机、反零和游戏、反博弈思维。但有一个大前提，那就是必须要有"长钱"的支持。高瓴的出资人里有很多超长线资本，包括全球顶尖大学的捐赠基金，但大部分人民币基金的出资人都不是"长钱资本"。

总体而言，中国还处于"长钱革命"的早期，缺乏长期资本的支持。人民币基金和美元基金的核心区别主要是出资人。想坚持价值投资，还要看出资人给不给机会，资金属性决定了投资风格和收益，梦想不能忘记，但有时候，"苟且"的事也不得不做。

---

① 　张磊. 价值［M］. 杭州：浙江教育出版社，2020：101.

在残酷的市场环境下，一些人民币机构盲目追求基金规模，导致投资行为异化，投资的激励机制从业绩报酬模式转为依靠管理费模式，很难有动力去挖掘优质企业、为出资人创造超额收益。投资机构管理规模的迅速膨胀传导到项目端的结果就是，好项目的额度要靠抢，估值涨得非常厉害。

一些投资人坚持用"古典"的估值方法，他们认为，企业的价值就体现在利润和现金流上：公司如果长期不能盈利，看不到盈利的希望，而且不管卖给谁都不能盈利，那么其很难一直支撑一个非常昂贵的估值。这样的估值方法，虽然有些教条并且和新经济时代不符，但就是这些扎实的判断、客观的分析，让一些机构避过了很多"大坑"。

无论是哪种方式，其实都没有对错，只有适不适合自己。但是有一点值得我们思考，价值投资是西方舶来品，无论是巴菲特还是芒格，他们的价值投资都率先强调"经济价值"，即财务回报最大化。但是单纯考虑股东价值和财务回报，容易导致单个企业挣钱了但整个社会变得更差了。西方也意识到了这一点，开始反思过度关注股东价值最大化带来的问题，提出了"利益相关者"概念，更强调环境、社会和公司治理。

新经济时代的特点决定了，这是一个有着巨大不确定性的行业，而"巴菲特和芒格们"更偏向于投资看得懂的、像可口可乐这样的传统巨头，基本不投科技公司，甚至包括谷歌、亚马逊这些公司，就连苹果公司，巴菲特也是 2016 年才开始投资的。马斯克公开过一则逸事："2009 年，我和芒格共进午餐，他向整个餐桌的人说特斯拉将如何失败。这让我很难过，但我告诉他，我同意所有理由，我们可能会死，但无论如何都值得一试。"

富煜亚洲投资总裁如亭佑认为，真正的价值投资，是看能不能支持那些创新的企业，不断推动他们往前走，让他们能够成功，这才是当今中国一级市场最需要的价值投资。虽然国内像高瓴资本和今日资本这样的"长青基金"还比较少，但是很多大型投资机构的管理费已经足够多，它们也可以投入一部分自有资金来做这样真正的价值投资。

新经济时代需要的价值投资，不是"巴菲特和芒格们"的老派价值投资，而是对新经济有所推动、对整个人类社会发展有所推动的新式价值投资。这也解释了为什么在美国，企业风险投资会逐渐超越独立风投，因为谷歌等企业风险投资的创始人本身就出身于新经济，他们当然最了解新经济，也最具有冒险精神。

一级市场到底需要什么样的价值投资，甚至有没有价值投资，难有定论。有些投资人同时投资于一级市场和二级市场，关于这两个市场的差异，大家比较一致的看法是：二级市场的核心就是赚钱；一级市场的投资必须有爱，如果没有爱，就很难穿越漫长的投资周期。

随机漫步的傻瓜

爱因斯坦非常不喜欢不确定性，他在 1926 年给玻尔的信里有一句著名的话：上帝不会掷骰子。对此，物理学家玻尔回答道：请不要告诉上帝应该怎么做。后来量子力学也证明了爱因斯坦追求的确定性并不存在，宇宙最终极的规则是随机性，上帝就是在掷骰子！

　　香港中文大学商学院终身教授张晓泉认为，思维可以分为"已知的已知"，"已知的未知"，"未知的已知"和"未知的未知"4 种（见图 6-1）。

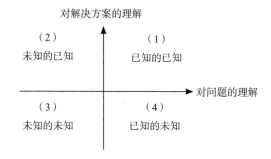

图 6-1　张晓泉教授的"已知与未知"象限图

　　"已知的已知"指的是我们会在教科书中看到的内容，我们可以精确地计算星体的轨道，可以做出专门解决特定病症的靶向药，我们知道好的投资收益率来自公司的基本面变化。也就是说，对于这些事，我们知道事物运作的基本逻辑。

　　"已知的未知"指的是我们对问题有很好的定义，但是还没有答案的情况，这些问题是研究者目前正在研究的。例如股价溢价之谜、超额波动之谜，这些谜团的存在是因为我们能够观察到，但这些现象并不能用已知的模型完美解释。

　　"未知的已知"就是知其然而不知其所以然。也就是知道结论，但是不知道原因；知道应该做什么，但是不知道背后的逻辑。很多宗教文化习俗或官僚管理体系就是这样代代相传，传到后来已经没有人知道为什么有这些规则了。

通过学习，我们对事物可以有更好的理解，但是同时，我们应该意识到，其实还有很多我们不知道的东西，那就是张晓泉教授所说的"未知的未知"："股票的变动受无数因素的影响，公司可以有浮沉，行业可以交替，政治可以风云突变，而最重要的是金融市场的参与者的心态可能随时都在改变，这是没有自然法则可以遵从的。所以金融市场里的问题会有更多的'未知的未知'，而这些未知都需要我们去探索和发现。"

张教授的思维分析，在投资领域可以用一句话来概括：对已知保持谦卑，对未知保持敬畏。正如塔勒布在《随机漫步的傻瓜》中说的：你的成功不见得是因为比其他人高明，很可能只是运气的结果。对于随机性和不确定性，他的态度是：你要利用它们，而不是躲避它们。我们不只是希望从不确定性中存活下来，我们的使命是驯化、主宰，甚至征服那些看不见的、不透明的和难以解释的事物。

一级市场上市体系的不断完善，就是在不断减少"不确定性"，科创板、北交所都在不断把确定性往早期推。一些优秀的公司虽然有成就伟大的潜力，但短期内无法符合上市要求，现在科创板突破了这个限制，让本土创业投资机构能更积极地投入真正具有伟大基因、具有长期发展潜力的企业中去。[①]

投资机构的成功，是时代的红利，但这依旧无法解释，为什么有的投资机构脱颖而出，而有的投资机构却销声匿迹，他们之间的区别到底是什么？究竟是靠投资方法论还是靠运气，或者二者缺一不可？

投资是科学和艺术的结合，投资的科学看的是宏观趋势的研究、公司的基本面和估值的计算等方面，投资的艺术则更多的关乎认知和心性等难以计算的东西。在目前的行业中，一些投资人认为，科学的一面被过于强调，而艺术的一面没有得到足够的重视。

在苹果前高级副总裁罗伊森看来，科技圈做决定越来越靠无尽的数据："人们认为掌握的数据越多就越能做出正确的决定。对有些事情来说，这种方法是有效的，但并不是所有事。"她在做一些艰难的决定时往往会听从直觉，尤其是涉及人的时候——和谁工作，和谁保持联系，把谁炒鱿鱼等。她说："每次数据的指示和我想的不一样时，听从数据都会让我后悔不已。"

还有一位低调的投资人，也相信由于风险投资的不确定性，不能完全靠数据来进行判断。David Wallerstein，2001 年帮助南非投资集团 MIH 以 6 000 万美元的估值买下腾讯超 40% 的股份，20 年间的投资收益超过 7 000 倍，是人类风险投资史上获利最大的交易之一。这个中文名字叫"网大为"的投资人，大学的专业

---

① 阚治东.创投家笔记：1999—2009［M］.北京：社会科学文献出版社，2020：288.

是国际关系，想用投资来实现国与国之间的共赢，从而避免冲突，他投资腾讯也不是基于什么高深的方法论，而是缘于在网吧看到QQ时"本能的好奇心"。

早些年，美团创始人王兴看到宁德时代创始人曾毓群的办公室墙上有块匾额，匾额上写着"赌性坚强"四个字。曾毓群解释说："光拼体力是不够的，那是体力活，赌才是脑力活。"高科技创业公司往往是需要长时间地投入，并且在真正看到曙光之前有很大的不确定性，这种不确定性可能来自盈利模式，可能来自研发，也可能来自技术壁垒的稳固或瞬间被"弯道超车"。甚至一些企业明明已经具备了盈利能力，仍然会战略性地选择维持高投入，以牺牲短期利润的方式发展，比如亚马逊。其中的"不确定性"，是每一位投资人都必须要过的坎。

著名企业家冯仑经过多年观察，总结出四类投资人，他们在寻找确定性的时候，获得的回报也不一样。

第一类，是对社会规律、财富规律、制度规律、人性、历史、行业等有深刻洞见的人。这类人对人生有独特的看法，他认识的规律越大，看的时间、历史越长，他的认识就越深刻，对这种必然性就越确定，所以他下手也就越重，比如巴菲特和高瓴资本。

第二类，他们认为更重要的是行业、赛道、投资分析等，他们大多从欧美回来，原来在投行工作，或者曾经是职业基金管理人，喜欢技术的确定性。这类投资人，回报有时候没有第一类高，但是成功的概率非常大。比如红杉资本等一些投资机构。

第三类，则是靠着一些特别的资源，比如说有特殊牌照，有地方政府支持等。这种确定性是资源的确定性，依托于某种独特的垄断的确定性条件、依托于跟政府的关系来做投资。这类投资人往往有成功的机会，但是回报不如第一类和第二类高，而且有时候也会随着政府的政策变化、人员变化而无法达到预期。

第四类，就是跟风的投资人。有一些小基金或者管理人不太专业，技术上也不行，特别资源也没有，更没有对社会、体制、历史的深刻认识，只是跟风找关系，投机凭运气，这种投资人绝大部分成功不了。因为他没有一件事是确定的：消息是听说的，关系是脆弱的，牌照是不稳定的，技术是不全面的，而且跟被投项目谈判也没有任何优势，所以好的项目也到不了他手里。市场上我们能看到的，很多都是这类人。①

美国著名经济学家考恩教授提出了一个观点：几个世纪以来，美国经济的高速发展缘于享用了无数"低垂的果实"，先去的人伸手可及，且能摘到又大又香的果实。但随着时间的推移、人数的增多，低垂的果实越来越少，勉强踮起脚尖摘到的小且涩。对于树顶上美味诱人的果实，需要爬到树上、有一定的技巧、借助一定的工具，还要做好一定的安全措施才可以享受得到。当果实被摘完，经济也就随之陷入停滞。

对于中国新经济公司，过去的 10 年有可能是我们不自知的黄金时代。对投资中国新经济公司的机构来说，过去 10 年有可能是确定性最高、风险最小的时代，毕竟大多数情况下，只要

---

① 冯仑.抗住就是本事［M］.北京：北京联合出版公司，2020：107–108.

所投的公司上市，就可以获得不错的退出回报。但未来可能越来越难。

"低垂果实"的时代，考验的是投资人摘果实的能力，是判断能力和社交能力，而当果实被摘完，新经济公司陷入"大停滞"的时代，考验的是投资人"种地"的能力，是攒局、做局和产业运营的能力。在这点上，企业风险投资比独立的投资机构更具有优势，这也是中国企业风险投资如此迅速崛起的原因，因为会"种地"的企业风险投资，远比只会"摘果子"的独立投资机构，更适应这个新时代。

人不能跟趋势对抗，即使再有才华、投资方法论再强大的投资人，也很难打败时代，之前投中的概率再高，有个人能力的因素，但最终也离不开运气和时代的大机遇。

投资人的精神密码

对创业者来说，不确定性带来的焦虑是生活的常态，一些创业者转型为投资人之后才发现，投资人比创业者还焦虑。

易道租车创始人周航，在离开了自己亲手创办的公司之后，加入顺为资本做投资合伙人。不过投资人的生活和他原本预想的不太一样："我发现投资比创业还要焦虑。见面第一句话都是，你最近在看什么方向？朋友圈中的风口热词很多，但每个投资人心中都会有疑虑，这是个真风口还是假风口？当有一个确定性的项目在你面前时，你会疑问，这个公司靠谱吗？终于你觉得可以了，还要看什么估值，总共多少钱？第一个反应一定是太贵了，匪夷所思地贵；终于你决定出手了，你又会焦虑说这样的价格到下一轮会有人投吗？"

心理学认为，"错失恐惧症"中最重要的元素是"恐惧"这个词，它会让我们去做一些我们不想做的事情：当一个令人信服的选择摆在我们面前时，我们可能会担心，如果说"不"，我们就会错过一生难得的社交或投资等机会。在硅谷和中国市场，都有很多投资人是"错失恐惧症"的重度患者。

宣称拥有革命性血液检测技术的医疗公司希拉洛斯获得投资的过程，就完美地反映了投资人这种心理：连锁药店沃尔格林和它的竞争对手CVS都想投资希拉洛斯，CVS的收入比沃尔格林高出三分之一，因此争夺希拉洛斯对沃尔格林来说十分重要。结果沃尔格林患上了严重的"错失恐惧症"，不顾其顾问的强烈反对，在没有详细尽调的情况下就承诺预购价值达5 000万美元的检测盒，并另外贷款2 500万美元给希拉洛斯。

这样的错误在跨国大公司不太可能出现，在微软以687亿美元收购著名游戏厂商动视暴雪的交易中，有一个细节被众多媒体深挖：迈克·伊巴拉曾经为微软效力20多年，并在2019年加入正值动荡时期的暴雪，出任平台技术部门的执行副总裁。2021年8月，他出任暴雪娱乐CEO，不到半年，微软史上最大的一笔收购就诞生了，所以很多人猜测他到暴雪就是为了尽调。

投资机构很难派出一位高管进行长达三年的尽调，因为投资期只有短短的几年，投资机构背后的出资人可没有这个耐心。一些没有投资希拉洛斯的投资人，在"女乔布斯"如日中天之时，也怀疑过自己的判断，听到质疑的声音："这样炙手可热的公司，你作为一个医疗健康从业者，看见了居然没有投？一个独角兽在早期阶段坐在你的办公室里，你怎么能错过它？"

一些优秀的创业者，他们提出的想法，在当时看来往往不为主流所认同，这种非共识才是非对称性收益曲线的核心特征。如果某个东西大家都认为能带来超大回报，它往往就不是颠覆式创新。颠覆式创新往往在当时看来是跟直觉和市场共识相悖的。

五源资本创始合伙人刘芹认为，坚持"非共识"需要强大的自信，要敢于把大量的资金押注到头部公司："我们连续领投了小米前三轮。第一轮的估值才2 000多万美元，这个决策并不难做，毕竟是雷军的创业项目。但是在估值到10亿美金时，小米公司的收入为零，怎么能够做这种判断？我们认为小米作为当时移动互联网最头部的公司，一定要超配，就把那期基金45%的资金给了小米，后来那期基金创造了40多倍回报。"

但并不是每个投资人都有刘芹这样的决断和定力，当他们的"非共识"遭到行业质疑时，很多人也会怀疑自己，是不是我真的错了，说不定真的就是自己错了呢？如果下错重注，我是不是就要被行业淘汰了？这种焦虑几乎每天都在上演。

风险投资人都要经历一个"成长曲线"：看什么项目都觉得靠谱，觉得全是机会，然后看什么都觉得不靠谱。等到几百万美元打过几个水漂之后，才能慢慢地冷静下来明白，该是你赚的钱总归是你的，不该是你赚的钱急也急不来。

这个时代巨大的募资焦虑，将每个机构和身在其中的人裹挟，个人的命运在行业大环境面前极其渺小，尽管焦虑到失眠，努力到焦头烂额，但绝大部分的结果都是求不得。媒体抛出一个个新奇的概念，渲染着光怪陆离的募资故事，时不时爆出的同行大幅超募消息，更加放大了这种焦虑。

更深层次的焦虑源于时代变化带来的恐惧，最无奈的不是输给同行，而是赢了所有对手，却输给了时代。这个时代的投资人始终处于高度焦虑中。

一位著名房地产商感慨于时代的巨变："2021年的上半年和下半年冰火两重天，上半年一房难求，几家巨大的互联网公司抢着租，时不时还会闹矛盾，细致耐心地跟每个客户沟通协调，才平衡了他们的需求；下半年，一家租了几万平方米的公司，办公室装修完成了，家具采购到位了，网络设备都安装好了，但是形势忽然变了，新政策出台了。这家租了几万平方米的公司只能退租，还要处理上万名员工的离职……"

对投资人来说，应对不确定性的最好办法就是不断地学习。

塔勒布所著《黑天鹅：如何应对不可预知的未来》衍生于2008年金融危机前后，渥克所著《灰犀牛：如何应对大概率危机》，则写于欧债危机之后，这两本教大家如何应对风险的专业著作推出之后，都迅速成为投资领域的畅销书。黑石创始人苏世民的《苏世民：我的经验与教训》、桥水创始人达利欧的《原则》，投资人也几乎人手一本。

在达利欧看来，痛苦＋反思＝进步。他通过研究历史来掌握信息，以确定如何应对当前的形势。而对于投资人的"自我修养"，红杉全球执行合伙人沈南鹏认为：投资人需要在陡峭的学习曲线上快速理解前沿科技的发展，才能在竞争中保持优势。在投资人群体的时间分配中，工作之外的最大时间消耗，就是学习。在中国所有主流的商学院中，投资人是最主要的学习群体之一，针对投资人的课程层出不穷。

很多投资人用运动来缓解压力和焦虑，足球、走戈壁、登雪山、滑雪等项目都颇受欢迎。尽管每年过完年，朋友圈里总会出现一堆骨折的投资人，他们却仍旧乐此不疲。

美团联合创始人王慧文曾经发过一个朋友圈："有担当的管理者，一个重要的责任，就是把下属从愚昧之巅推到绝望之谷，至于他能否爬上开悟之坡，就看各人造化了。"所以一个人要想"开悟"其实是很难的，因为很少有人告诉你开悟的过程。在日本，人们为了领悟"开悟"的具体过程，会通过射箭、剑道、花道和茶道等艺术形式。自古以来，学习剑道的道场都被称为"启发场"。

桥水创始人达利欧喜欢冥想，关于其中的感受，他说："这可以让你远离想法和杂念，因为你没办法让想法停止，你不能闭上眼睛说我不去想了，这是行不通的，所以通过把注意力放在脑海中的某个声音上，你就可以脱离这个世界。最后这个声音也会消失，你于是进入了潜意识状态，你会非常安静，没有意识，很祥和，而潜意识正是创造力的来源，静坐冥想能带给你安详和自我心境，让你感觉很放松，就像是度了一个假。"

第三部分

全球大监管

跨国公司和政府之间的权力争夺，从东印度公司时期一直延续至今，进入21世纪以后，新一代科技巨头开始占据上风。更重要的是，随着科技巨头和政府之间的权力格局的持续改变，科技巨头开始对政治表现出更大的兴趣。

2010年爆发的"阿拉伯之春"运动，使突尼斯、利比亚和埃及的政权纷纷倒台，埃及前总统穆巴拉克的被迫辞职，脸书的作用不可小觑。多年来通常保持中立的科技公司已经公开向政府发起了挑战，甚至直接参与到美国总统大选和英国脱欧这样的政治事件中，这导致政府、媒体以及大众戏剧般地转变了态度，开始反对那些主宰了人们日常生活的科技巨头。同时，科技巨头公司垄断性不断增强，开始严重阻碍创新，欧美乃至全球范围内都掀起了一场大监管浪潮，借助反垄断重新激活互联网和整个科技行业的创新。

过去多年，中国对科技行业采取的都是"监管宽松"的政策，在市场化竞争下胜出的互联网巨头，虽然公司本身很优质，估值也很高，但大多以模式创新类为主，科技含量并不高，同时也开始逐渐走向垄断，于是中国也吸取了美国的经验教训，开始通过出台新法规等手段，防止资本野蛮生长和无序扩张，支持和引导资本规范健康发展。

历史的经验已经证明，完全市场化和完全监管都不可行，中国正在这二者中间进行"再平衡"的新探索，这也反映了中国正在重置中的经济发展底层逻辑：从增速优先转向增长兼顾公平的同时追求共同富裕。

第七章
独角兽崛起

过去 10 年，是中国独角兽公司数量增长最快的时期。全球独角兽 TOP 10 榜单中，中国有 3 家企业入围。其中，字节跳动位列第一，蚂蚁集团排名第二，菜鸟网络跻身榜单第九名。

独角兽公司和它们的创始人改变世界的征途，是这个时代媒体和大众最为津津乐道的财富神话。然而，在巨大的名利诱惑下，选择造假的独角兽不断出现，混合着巨大的估值泡沫，最终让这些"失控玩家"付出了沉重的代价。

或许只有经历过巨大的挫折，创始人才能从疯狂前进的奔跑中停下来，重新审视一下自己的初心。

浪潮中的三大动力

独角兽，寓意着美丽的稀有事物。2013 年，风投基金 Cowboy Ventures 的创始人艾琳·李用这个词来形容那些估值超过 10 亿美元的创业公司。当时，独角兽确实稀有——李女士在美国只找到 38 家独角兽公司。

在胡润研究院发布的《2021 全球独角兽榜》上，全球已经有多达 1 058 家独角兽公司，分布在 42 个国家，221 个城市。其中美国以 487 家排名第一，中国以 301 家排名第二。美国和中国的独角兽公司占全球独角兽总数的 74%。此次共有 673 家独角兽新上榜。独角兽的发展速度相当惊人，平均只用了 8 年的时间就达到了 10 亿美元的估值。

究竟是哪些动力，催生了这 10 年间独角兽公司的大爆发？

首先是资本的"催熟"。过去几年投资人、资本市场对于规模的过度看重，让很多创业公司在短期内拿到了太多的融资，一下子就长成了独角兽，独角兽的成长周期从 10 年缩短到几年、几个月甚至 100 天。机构投资者，无论是缺乏好的项目，或者担心错过好的项目，总是迫不及待地想参与各种独角兽的融资中去。凯鹏华盈的风险投资人在接受采访时说："硅谷对规模的执念并非来自创新的需要，而是资本欲壑难填导致的结果。"

2007 年前后，美元私募股权投资市场上第一次涌现出了一批规模超过 50 亿美元的巨型基金。黑石集团、华平投资、TPG 当时都成功募得了超大规模的基金，尤其是在 2016 年，规模达 1 000 亿美元的愿景基金横空出世，震撼了全球投资行业，刷新了人们的认知。

愿景基金成立后，孙正义和全球最大的私募股权基金就开始了疯狂扫货独角兽的模式，其投资的近百个公司大部分都成为独角兽，其中包括很多中国独角兽。如果未来软银的愿景基金继续扩容，那么就意味着全球几乎所有新的独角兽企业、有前景的科技公司都会是它的投资目标。

进入 2021 年之后，愿景基金二期的出手频率越来越高。当年一季度，愿景基金二期投出去 18 个项目。进入二季度之后，其投资节奏在这一基础上又明显加快，投资了 50 多家公司，总投资额高达 130 亿美元，更是创下了一周 10 亿美元的新纪录。孙正义的野心还在不断膨胀，他希望将愿景基金的投资组合再增加一倍，达到 500 家公司，同时每年让其中数十家公司上市。

另一个"疯狂"的投资机构是老虎环球基金。仅在 2021 年上半年，老虎环球就投资了 100 多家创业公司，比 2020 年同期多了将近 10 倍。在阿里巴巴上市并成为全球巨头之前，老虎环球就和软银一起投资了它。老虎环球的风格和软银也很像：一旦确定目标就猛扑过去，投资合同在几天之内就会敲定，而且有时会跳过详细的尽职调查，并且估值通常远高于一般风投给出的水平。老虎环球有时候会在创始人不需要钱的时候说服他们收钱，在投资之后，他们也会一条又一条地发信息，询问是否可以追加投资。

除了软银和老虎环球，还有几乎所有主流投资机构都在追逐独角兽。从胡润发布的独角兽榜的投资机构分布来看，红杉连续两年成为全球最成功的独角兽投资机构，共"捕获"206 家独角兽，占比接近 1/5。紧随其后的是老虎环球基金和软银，分别"捕获"147 家和 146 家。榜单显示，前三大投资机构共投资了

500 家独角兽，约占独角兽全球总数的一半。红杉中国也是投资中国独角兽最多的机构，共"捕获"96 家中国独角兽，然后是高瓴、IDG 资本、腾讯和中金等。

其次是政策和政府的支持。自 2018 年以来，证监会出台了各项对独角兽一类的创新企业上市的利好政策，A 股允许新技术、新产业、新业态、新模式的"四新"企业实施中国存托凭证制度，允许企业同股不同权，甚至未盈利的公司也可以上市。

现在是创业公司最幸福的年代，从出生到上市，中间有各种政策支持和政府补贴与帮扶。2021 年，中国工业和信息化部、科技部等六部门发布指导意见，提出力争到 2025 年，发展形成万家"小巨人"企业、千家单项冠军企业和一大批领航企业。除了"小巨人"企业，还有"瞪羚企业"等各种政府重点扶持的创业公司。

独角兽公司作为具备强大创新能力和巨大成长潜力的企业群体，是衡量一个城市创新能力与创新生态的重要参考指标，因此各级城市都不惜全力招揽。中国有 301 家独角兽公司，独角兽公司总部数量最多的城市，前 6 名分别为北京、上海、深圳、杭州、广州和南京。另外大湾区表现亮眼，共有 51 家独角兽公司总部位于大湾区。

得益于首都的经济水平、文化发展产业和人才基础等先天优势，位于北京的独角兽占全部榜单的近 1/3，远超全球其他城市，北京也成为"全球独角兽之都"。在创新政策方面，北京市陆续出台了一系列深化科技体制改革的政策措施。此外，资本要素充足是独角兽快速成长的必要条件，我国 80% 以上的风投机构都在北京活动。

上海的独角兽公司总部数量位列全国第二，说明了随着建设具有全球影响力科技创新中心的深入，上海的科技创新成果越来越凸显。从政府的决心和规划上来看，上海是未来最有潜力的独角兽成长区域之一。

深圳拥有华为和腾讯，每年吸引大量的清华大学、北京大学等高校顶尖高端人才持续流入深圳，同时这两家公司的资本和大量优秀人才溢出，也使得很多优秀公司在深圳开花结果，比如富途，就是典型的腾讯人才和资本外溢型的优质公司。深圳政府之前给大家的印象是管得少，但实际上，关键时刻出手，也是深圳政府的重要特点。

阿里巴巴是杭州产生独角兽企业较多的一大因素。杭州的独角兽公司，或多或少带有阿里巴巴的基因，如蚂蚁金服、阿里云、菜鸟网络和口碑网都是阿里巴巴内部孵化出来的独角兽。此外，良好的创新生态、营商环境，加上集聚的人才和较为发达的资本市场，为杭州独角兽的产生及发展增添了动力。

广州持续为科技创新企业提供强有力的支持，大力发展科技金融，确保创新企业在不同阶段都能得到金融产品的有效服务供给，将同时吸引国内外优秀投资机构在穗设立各类创投子基金。2021 年广州正式发文，明确表示鼓励和支持创投机构创新募资手段，包括上市，这是继深圳后国内第二次在政府文件中提到创投机构上市。

南京市作为中国东部地区重要中心城市、长三角特大城市，具有天然的区位优势与经济优势，在此基础之上，南京市政府于2018年部署创新名城战略，为新经济时代下的南京强力植入创新基因与科技基因，为高成长性企业的大量涌现打下坚实基础，为独角兽、瞪羚企业的集聚提供了良好的要素支撑。2018年年初，南京市独角兽公司仅有2家，到2021年年底，已有10家独角兽的总部落户南京。

除了前6名的这些城市，中国还有很多地方政府对独角兽的扶持力度也很大，比如西安、厦门、苏州等地。你是独角兽企业吗？先奖励1 000万元！根据西安市已经出台的《西安市独角兽企业培育方案（2018—2021年）》及《西安市独角兽企业培育认定管理办法（试行）》，对独角兽企业、独角兽成长企业、独角兽种子企业，分别给予1 000万元、200万元、100万元奖励支持。同时，对独角兽企业的核心技术攻关、创新平台、新产品推广、科技金融、孵化链条、人才支撑保障力等，也给予一揽子支持政策。

中国已经成为全球对独角兽争夺最激烈的地区，未来中国地方政府对独角兽的争夺战也将越发残酷。

最后一个动力，来自企业家精神。中国经济在当代给企业家，尤其给具有企业家精神的年轻人提供的土壤，是相当长一段时间内没有看到过的。很多大城市的孩子从小衣食无忧，物质条件优渥，他们天生具备数字技术优势，很多人从一开始就有远大的抱负和梦想，并且更善于与风险资本打交道。中国拥有世界上最活跃的创业生态系统，现在的年轻人比以往任何时候都更愿意选择创业，未来这种土壤会培育出更多好的企业家，也会涌现出越来越多的独角兽公司。

中国独角兽虽然在过去十年中迎来了大爆发，但和美国相比还有很大的差距。美国很多独角兽公司的影响力涉及科学、技术、商业模式等各领域，比如谷歌、特斯拉、SpaceX；而国内独角兽公司真正从事高科技研发的偏少，侧重商业模式创新的仍然占多数。

改变世界

"Web 2.0之父"奥莱利是互联网历史上的传奇人物，他认为独角兽的存在是为了真正地改变世界，因为它们都能让我们惊呼："不可思议！"他提出，这种令人惊讶的独角兽应该具有鲜明的特征：起初看来不可思议；改变了世界的运行方式；不仅创造了财务价值，还有社会价值。他曾经写过一篇文章，描述了独角兽公司带给他的最初震撼："我依然记得1993年向别人展示万维网时的情景，我点击了一个链接然后说，这张图片刚刚从夏威夷大学传来，没有人相信。"

在中国300多家独角兽公司中，有很多改变世界的精彩故事，但我独爱搜狗和王小川的故事。在全球化浪潮中，能否用中文打通全球信息成为至关重要的一步。王小川曾这样表达搜狗的意义："在我心中翻译技术走向实用化，不亚于人类发明电，因为今天各个国家之间的这种不信任，是因为语言和文化引起的。"

汉语对外国人而言极其难学，给中国吸引、同化其他国家的人才增添了巨大的障碍，世界文明也因为语言不同产生了很多冲突，美国政治学家亨廷顿甚至提出了"文明冲突论"，把世界划分为8个文明板块，预测后冷战时代的国际冲突将在这些文明之间产生，世界将呈现文明间集团对抗的情况。

中美科技冲突加剧之后，一些中国独角兽公司试图通过游说的方式解决问题，横亘在他们面前的第一道难关仍旧是语言。很多时候，中美之间缺乏的是正常交流和理解，然后才是游说。

中美两个大国在地理空间中远隔重洋，直到今天，真正前往对方国家亲身目睹和经历对方社会与文化者，相对于本国巨大的人口都显得寥若晨星。可以说，自双方发生交际以来，彼此眼中的对方在很大程度上都是诸种话语体系构建出来的想象体。现实生活中，双方人民对彼此了解的出发点差别也很大。例如，就各自的近代历史而言，中国是多灾多难的百年屈辱史，美国则是欣欣向荣的百年进步史，于是当代中国有一种近代外来殖民主义与帝国主义受难者的心态，美国则持有一种文明救赎者的心态，由此而对公众历史记忆产生的影响以及两者对若干现实问题的认知、理解和诠释，不啻天壤之别。[1]

著名国际关系学者阎学通提出的"00后居高临下看世界"的现状，引起了人们的热议："他们常以中国与外国两分的方法

---

[1] 王元崇 . 中美相遇：大国外交与晚清兴衰（1784—1911）[M]. 上海：文汇出版社，2021：2.

看待世界，将中国之外的其他国家视为同一类国家，将和平、道德、公平、正义等人类的普世价值观视为中国独有的传统，认为只有中国是正义的和无辜的，其他国家特别是西方国家是'邪恶'的、西方人对中国有着天然仇恨，把经济决定论、阴谋论、债权武器等'网红'们的观点当作常识。"

搜狗的人工智能技术，对促进世界不同文明之间的交流有很大意义，是真正有希望改变世界的产品。王小川对于这个前景也很执着，可惜最后搜狗被腾讯收购，王小川也选择了离开。虽然这个故事的结局并不完美，但不妨碍它是一个足够精彩而令人心动的故事。

新冠肺炎疫情暴发后，传统经济遭遇前所未有的巨大冲击，新兴的科技独角兽公司对于线上化、数字化的应用，反而加快了其发展的速度。特别是在有力的防控之下，中国成为全球唯一实现正增长的主要经济体。根据普华永道中国独角兽 CEO 调研报告的数据，总体而言，疫情对中国独角兽影响不大，仅 38% 的独角兽企业将其视为重大影响。中国独角兽企业积极求变，持续创新，为拉动经济复苏发挥了前瞻引领与韧性支撑作用。

特别是，中国在电子商务和移动支付方面一向走在世界前列，中国独角兽正在反哺全球科技进步，从"复制到中国"变为"从中国复制"。依托国内巨大市场需求，中国企业有可能从国内巨大而且多元的消费市场收获不可比拟的独特经验，为中国经济长足发展提供强劲动力的同时，也为世界带来更多中国经验与智慧。

失控玩家

2014 年 2 月 4 日,伙伴基金以每股 17 美元的价格购买了 5 655 294 股希拉洛斯公司的股份,这笔投资令希拉洛斯将 9 600 万美元收入囊中,自身的估值达到了惊人的 90 亿美元。这也意味着拥有公司一半多股份的创始人、被称为"女乔布斯"的伊丽莎白,净财富几乎接近 50 亿美元。她的出现,迎合了公众想要看到一个女性创业家在一个历来由男性统治的科技世界取得突破的渴望,硅谷拥有了第一个身为技术创始人的女性亿万富翁。

打动伙伴基金的,除了希拉洛斯所宣称的只用"一滴血"的革命性血液检测技术,还有公司的豪华董事会成员——美国前国务卿舒尔茨、基辛格,前国防部长佩里,媒体大亨默多克,甲骨文创始人埃里森等。这些杰出人士拥有传奇英雄色彩,为希拉洛斯的正当性提供背书。①

然而,在烧光了大约 10 亿美元之后,希拉洛斯公司最终解散。2022 年年初,美国法院认定,伊丽莎白面临的 11 项共谋和欺诈指控中的 4 项罪名成立。对于这个结果,硅谷的投资人发表了截然不同的两派意见。

反对者认为,这样的判决对于硅谷的创业生态是极大的打击,担心创业者在描绘创业愿景时都将变得小心翼翼,生怕未来惹上欺诈投资人的官司。在硅谷有着巨大影响力的风险投资家德丰杰

---

① [美]约翰·卡雷鲁.坏血:一个硅谷巨头的秘密与谎言[M].成起宏,译.北京:北京联合出版公司,2019:164.

创始人德雷珀，直到 2018 年还在为伊丽莎白辩护。支持者认为，公然造假的行为当然不能容忍，重判有助于给面临脱轨和失序的硅谷文化重新划定一个明确的底线。《纽约时报》评论，这代表了一个时代的结束，也戳破了被不少硅谷创业者奉为圭臬的"成功从伪装开始"的美妙谎言。

"女乔布斯"和《坏血》的故事，不过是过去 10 年独角兽公司大爆发过程中的一朵浪花，也不可能让疯狂追逐独角兽的投资人们停下脚步。尽管损失超过 1 亿美元，媒体大亨默多克仍然不喜欢尽职调查，他喜欢紧紧跟着自己的直觉走，这也是他赖以建立世界上最大的媒体和娱乐帝国的卓有成效的方法。默多克最后用 1 美元的价格回购了自己的股份，这样虽然这笔投资产生了 1 亿美元的巨额亏损，但可用来抵冲其他赚钱投资组合所需缴纳的税。

在巨大的名利诱惑下，选择造假的独角兽"失控玩家"不断出现。瑞幸咖啡曾被称为现象级的独角兽公司，在浑水发布做空报告后，瑞幸承认财务造假。在美国纳斯达克股市的强制下，瑞幸咖啡停牌，正式开始退市之路。在瑞幸造假风波未平之际，德国科技领域的明星支付巨头 Wirecard 又曝出造假案，其账户中失踪的 19 亿欧元可能根本不存在。19 亿欧元造假规模相当于安然的 4 倍、瑞幸的 7 倍。这家公司市值曾一度高达 246 亿欧元，超过德意志银行，不到 10 天市值大跌。

造假毕竟只是小概率的"黑天鹅"事件，真正让人诟病的是估值的泡沫和由此带来的种种乱象。根据 PitchBook 数据，现在种子轮估值接近十年前 A 轮估值，2021 年美国创业公司种子轮估值平均为 330 万美元，是 2010 年的 5 倍多。

"你们机构入围了！" 2018 年春天，一位投资人收到了一封来自国内某著名科技独角兽公司的邮件。他参加的不是供应商招标，也不是 4A 公关公司比稿，而是一轮 10 亿美元的融资竞价。

这场持续了将近一个月的 "空前绝后" 的融资竞价，开了全球风险投资领域的先河：从 1946 年 "现代风险投资之父" 多里奥特创立第一家专业风投公司开始，70 多年来从来都是投资人作为强势甲方，挑选创业者。而像这次近 100 家投资机构，以完整填写并签署认购申请表、递交 10 万美元保证金为前提来竞价，用近乎 "屈辱" 的方式去参与一家创业公司融资，实在闻所未闻。

一些曾经被资本 "欺负" 过的创业者欢呼雀跃，而一些投资者对于不让做尽职调查和不断变化的条件非常不满，最终放弃了竞标，但认购金额仍超过计划融资额 30 倍，一共进行三轮竞价，才筛选出最终投资者。除了少数 "中标" 投资机构偷着乐，被惹恼了的大多数投资人则是一脸不屑。

变化很快到来，随着内部腐败问题曝光，以及卷入大规模裁员风波，这家巨型独角兽公司的最新估值也成了谜题。创始人不着急上市的表态，更让曾经为 "中标" 欢欣鼓舞的投资机构坐不住，如何退出？这是他们不曾想过的新问题。

后期投资人实际上承担了与早期投资人相同的风险，但没有相同的潜在收益。一个已经估值 100 亿美元的公司成长为 500 亿美元的可能性有多大呢？独角兽估值猛增的背后，其实蕴藏着完美假设——这些明星公司将永远顺风顺水，不会犯错。在过去40年里，微软、谷歌、脸书似乎一帆风顺，但除此以外还有哪家公司呢？即使像苹果这样的公司，在取得举世瞩目的成就前也曾濒临倒闭，挣扎求生。

独角兽公司对于不想上市有各种理由，有些会说自己只是不想承担上市后必须面临的短期市场压力。毋庸置疑，对有些独角兽公司来说，这是事实，但对其他独角兽而言，实际上还有很多不可名状的考虑：二级市场很可能不能给出这些独角兽公司的股东所期待的估值。考虑到已经投入在独角兽身上的数十亿美元，很多投资人已经迫不及待地想要通过二级市场实现退出了。他们拒绝价格倒挂，不会以低于自己投资成本的价格出售股票，这可能才是独角兽公司选择不上市的真正原因。

通过并购实现退出对独角兽公司的股东们来说很不现实。这并非因为缺少对高成长空间的科技企业感兴趣的买家。2016年共有21笔并购案的交易对价超过10亿美元，但其中只有两个标的曾经是独角兽公司。不少独角兽是希望被收购的，只是它们的报价对意向购买方而言实在是太昂贵了。[①]

在独角兽的估值泡沫中，WeWork是一个典型代表。当时有一家全球顶级投资机构，在投资了一家中国公司后，提出一个特殊要求：绝对不能学WeWork。那家公司创始人当时还纳闷："WeWork是世界上发展最快的公司，不学它，那应该学谁呢？"

---

① ［美］伦纳德·A.巴特森，肯尼思·M.弗里曼.风险投资的逻辑与常识［M］.高源，李珍凤，译.北京：中信出版社，2019：73–75.

事后看来，这家投资机构眼光真的很毒辣。

WeWork首次公开募股的失败，标志着一个时代的结束：为没有实现盈利的企业提供慷慨资金的日子已经结束了。对任何东西给予极高的估值都不是好主意，特别是对那些可能永远无法产生正现金流的企业而言。最具投机性、定价最不合理的市场领域已经开始崩溃。

2021年10月21日，历经两年蛰伏，WeWork终于在纽交所上市，交易对WeWork作价约90亿美元，与首次冲刺IPO时470亿美元估值相比，如今的估值仅为当初的零头。

尽管和孙正义翻脸，诺依曼在2 000名员工遭受裁员遣散、寒冬失业的同时，仍然会从软银处获得1.85亿美元的咨询服务费和5亿美元的信贷额度。此外，他还出售了自己手中几亿美元的股票，他仍然是一位年仅40岁、身家数亿美元的超级富翁。这可以解释为什么在很多人把独角兽称为"毒角兽"的今天，仍然有无数创业者前赴后继、流血拼杀。

或许只有经历过巨大的挫折，创始人才能从独角兽疯狂前进的奔跑中停下来，重新审视一下自己的初心。

第八章
历史的周期率

　　1945 年，民主人士黄炎培在访问延安时说："一人，一家，一团体，一地方，乃至一国，不少单位都没有跳出这周期率的支配力，大凡初时聚精会神，没有一事不用心，没有一人不卖力，也许那时艰难困苦，只有从万死中觅取一生。既而环境渐渐好转了，精神也就渐渐放下了。"[①] 对新经济公司来说，如何跳出历史的周期率，既是一个无法回避的问题，也是一个决定生死的问题。

　　随着新经济公司不断发展壮大，很多创始人担心公司变得越来越像他们曾经嘲笑的那些传统巨头。他们早晚都会来到新旧之间的临界点，都会面临"二次创业"的问题，而且都是在之前他们并不擅长的领域，如果能够突破，就会站稳脚跟成为新一代的巨头，如果失败，就会逐渐走向死亡。

---

① 　叶小文.凤凰涅槃三章.[N].中国青年报，2015-09-07（2）.

当新经济公司高举"颠覆"大旗的时候，一些传统巨头公司并没有躺平放弃，而是开始了自己的进击之路。76 岁的娃哈哈创始人宗庆后取得基金从业资格证书，并在基金业协会备案私募基金管理人；农夫山泉的掌门人钟睒睒也在中国证券投资基金业协会低调完成备案登记。

那些世界 500 强巨无霸并非不会疯狂烧钱营销，只是多年的经验积累，让它们有了"敢为天下后"的商战智慧。它们一边在幕后默默地看着独角兽们烧钱折腾，一边也在噼里啪啦地打着自己的如意算盘。

政治和经济的规律都是相通的，底层逻辑也是一致的。中国弱小的时候，美国也没有给予足够的重视。在 20 年前全球各大智库的预测中，未来应该是"一超多强"的世界，美国是绝对的霸主，但当中国经济即将赶超美国，有望成为全球第一大国的时候，美国开始跳出来打压。

"围剿"新经济

"颠覆性创新"就像是瞄准你的导弹。20 年来，我们已经监视了一枚又一枚瞄准并摧毁目标的导弹：亚马逊和苹果商店摧毁了实体音乐商店；数码摄影则把胶片变成了一种彻底过时的产品。[1] 新经济公司身上最显著的标签就是颠覆者，而既要当颠覆

---

[1] ［美］克莱顿·克里斯坦森.颠覆性创新［M］.崔传刚，译.北京：中信出版社，2019：201.

者又要不让人讨厌，尤其是不让政府和传统巨头讨厌真的很难！

和大多数人的认知相反，"颠覆式创新"理论之父克里斯坦森认为，优步和特斯拉都不属于"颠覆式创新"：特斯拉曾被他斥为奢华的无关紧要之物，而优步起步时也没有比出租车更便宜。后来的事实证明，正是这两家公司，最有可能颠覆传统汽车行业，引起了传统汽车巨头和政府的"围剿"。

卡兰尼克创立优步无异于发起了一场多边战争。每到一座城市试运营，当地的出租车公司就会试图让它停止运营。优步的策略就是通过游说，利用公共关系和草根阶层。大多数情况下，只要进行大规模游说活动，公关团队一举出击，就可以"药到病除"，让公司正常运营下去。这样的战火几乎蔓延到优步运营的每个城市，同样的事情也发生在 Lyft 身上——Lyft 总是紧随优步扩张。①

2014 年年底，优步已然风靡全球，覆盖了全世界 262 个市场。这一年，优步也从众人眼中带来颠覆性突破的宠儿，变成以强凌弱的霸主形象。所有人，包括出租车公司、监管部门、政治家、竞争对手、记者、公司旗下的司机，甚至女性，都对优步的所作所为感到愤愤不平。

当时优步已经在跟进美国各州及地方总计 330 多项法案，以确保不会因违背条例而被迫停止运营。有一些州在立法规则上一直摇摆不定，比如科罗拉多州既颁布过限制性极强的法律，

---

① ［美］亚当·拉辛斯基. 未来公司：卡兰尼克和他的 Uber 帝国［M］. 徐彬，姜文涵，译. 北京：中信出版社，2018：134.

禁止优步在丹佛市运行，又曾通过温和的法令，首度对共享乘车服务只做轻度监管，并承认该服务的合法性。拉斯维加斯是优步退出的第一个城市，不过在 2015 年，优步又赢回了在该市的运营权。

卡兰尼克是一个真正的斗士，并且毫不掩饰他对敌人的蔑视。他称："一些市政人员很棒，但多数很无趣，我会尽可能减少与他们会面。"他说不谈判是合乎逻辑的，而非不合作。他表示："如果核心原则都不一致，你必须进行有原则的对抗。"旧金山出租车司机协会主席认为："他们是强盗式资本家。一开始就非法经营，没有遵守任何法规，不公平竞争。这是他们发展壮大并有足够的钱无视法规的原因。"

《纽约时报》曝光了优步对世界各地政府使用的障眼法——"灰球"系统。这个软件能够在打车系统中检索到政府官员、警察和媒体记者，并将他们剔出打车系统，防止优步在某些未经授权城市的运营被曝光。优步表示，"灰球"仅仅是一个剔除违反顾客守则、对司机利益造成危害的顾客的系统。优步使用它是为了保障司机的利益，很少用于躲避执法检查。

在中国网约车同样也面临政府的管控。相关的游说一直未有停歇。网约车平台和出租车公司的利益阵营针锋相对，以至于专家学者发言都需自证清白，表明利益无涉。国家发改委城市中心综合交通规划院院长张国华在一场讨论会上指出，讨论网约车首要的问题就是选站队："你是为某个部门讲话，还是为市场讲话，也有专家被指责为资本家讲话。这样的语境下，我们没有办法达成共识。"①

2021 年，特斯拉成为首个市值突破万亿美元的车企。目前
特斯拉的市值已经超过了全球所有传统汽车市值总和，这让传统
跨国车企面临生死存亡的严重危机。许多传统车企也正在加快汽
车生产的电动化转型，开始"围剿"特斯拉。大众联合宝马、戴
姆勒、福特、现代等车企联合组建充电桩公司，拓展欧洲的充电
设施网络。此外，包括奔驰、宝马等多家实力雄厚的车企也已宣
布，未来将只生产纯电动汽车。

尽管主流汽车产业对特斯拉的飞速发展无可奈何，但各大汽
车企业高管还是抓住难得的机会刁难特斯拉。一个有趣的例子是，
爱开玩笑的马斯克想玩个小把戏，将第三代汽车命名为 Model E，
这样三代产品的名称刚好能拼成"SEX（性）"。福特汽车的执行
总裁阿兰得知后想方设法加以阻拦，威胁要采取法律手段制止特
斯拉如此命名。

"我随即致电阿兰，问他你是真心实意要生产 Model E 系列，
还是只是想和我们对着干？"马斯克回忆道，"我不确定这两种
可能性哪一种更愚蠢，相比之下，他们是为了阻挠我们而故意与
我们作对的说法更加合情合理，因为我们已经生产了 Model S 和
Model X，现在如果福特汽车推出 Model E，会让人感觉不伦不
类，甚至有抄袭之嫌。阿兰居然口口声声说，'我们是真的想要
用这个字母'，我直接告诉他这个主意不甚高明，但他一再坚持

①　屈运栩.互联网寡头战争：BAT 圈地运动与资本新格局［M］.杭州：浙江
　　大学出版社，2017：100.

福特团队对这个名字情有独钟。这实在是个滑稽的闹剧。"①

随着特斯拉在中国市场上一路高歌猛进，中国在其"反围剿"战略中的重要性也越发凸显。2021年，特斯拉在全球交付了93.6万辆汽车，上海超级工厂作为特斯拉全球主要出口中心，全年共交付48万辆汽车，同比增长235%，占特斯拉年度全球总交付量的51%。这个数字，已经接近2020年特斯拉全球交付量。除了生产基地，中国还是特斯拉仅次于美国的第二大市场。

有人说，为了扶持马斯克的SpaceX，美国政府可以说是"掏心掏肺"。技术转让、人员帮扶、新技术研发、发射任务合同、发射场使用权、辅助设备使用权，美国放开了宝贵的资源，等着各路商业航天公司来享用。美国国家航空航天局（NASA）近乎"溺爱"地扶持商业航天公司，甚至将航天领域的前期研究成果和工具软件公开发布，任由民营航天企业使用，就差手把手教着造火箭了。

确实，SpaceX公司有时会使用位于南加州的范登堡空军基地进行"猎鹰9号"火箭的发射，但这并不是说美国政府和NASA对商业航天的支持是一步到位的，恰恰相反，这也是一个相当漫长且充满斗争的过程。SpaceX前工程师埃尔丁认为："最大的挑战是说服NASA给新生事物一个机会，并整理书面记录来证实那些部件的质量足够好。不同于行业里其他公司所采用的

① ［美］阿什利·万斯. 硅谷钢铁侠：埃隆·马斯克的冒险人生［M］. 周恒星，译. 北京：中信出版社，2019：277.

'宇航级'设备，SpaceX 的设备往往是由现成的消费电子产品制成的。SpaceX 努力了多年才向 NASA 证明，普通电子设备已经足够优秀，毫不逊色于那些更贵、更专业的设备。"[①]

脸书的天秤币计划，从公布之初便争议不断。扎克伯格想要为全世界提供超主权货币的想法，直接引起美国、法国等国政府的公开围堵。全球各方监管机构都在怀疑，天秤币的出现会威胁到全球货币体系，并有可能成为洗钱的工具。由于监管机构的进一步反对，脸书最终以两亿美元出售了加密货币相关技术，天秤币项目夭折。

国内新经济公司，同样难以避开传统巨头的"围剿"。

元气森林，这家极具野心的超级独角兽对标的是农夫山泉和可口可乐。传统巨头的反应也很迅速，众多巨头下场做无糖气泡水，一度导致原材料赤藓糖醇供不应求，造成元气森林缺货，产生巨额损失。国际巨头要求其合作代工厂停止与元气森林的合作，导致后者陷入断供危机。在销售端，它遇到了农夫山泉这一对手，很多媒体都曾详细描述这两个新老品牌的"冰柜大战"等各种"战争"细节。

元气森林不得不投资 55 亿元，布局了五大工厂，未来这些工厂的总产能将达到 50 亿瓶饮料。全国工厂布局的完成，也意味着在供应链领域，国内新消费品牌首次大面积突破了国际巨头的控制，实现了基本独立自主。

---

① ［美］阿什利·万斯.硅谷钢铁侠：埃隆·马斯克的冒险人生［M］.周恒星，译.北京：中信出版社，2016：205.

面对国内外巨头的"围剿"时，元气森林创始人唐彬森还有一张王牌——挑战者资本。成立于 2014 年的挑战者资本，管理资产规模达 50 亿元，投资的新消费项目已经接近百个，元气森林的天使轮融资就来自挑战者资本。元气森林目前的自有产品仅限于饮料，但已通过投资涉足白酒、啤酒、快餐和咖啡等多个品类，部分品牌由挑战者资本领投，再引入元气森林作为股东。

元气森林和挑战者资本，形成了"双核驱动"：元气森林探索出的渠道、资源、品牌方法被复制到其他的被投公司，当这些被投品牌需要帮助时，也可以调动元气森林的研发、渠道和品牌营销等资源。挑战者资本则通过早期投资和深度的投后管理，不断为元气森林带来丰富的消费品赛道和新的落地场景。最终形成一个有着相同基因和底层逻辑的消费品新帝国。

在这个过程中，挑战者资本具有的一个独特优势，在于它是一个创始人基金，不但懂资本运作，更知道创始人的所思所想。唐彬森创业多年，还是中欧创业营第五期以及湖畔大学第三期的学员。成功的创业经历和系统的创业学习让他在挑战者资本被投企业里威望颇高。这让挑战者资本实现了对一些被投公司的控股，他们负责营销、销售、品牌打造，创始人保留一部分股份，专心负责把产品做好，这在国内创业生态中非常不易。

挑战者资本对标的是投资界的传奇——3G 资本。这家投行从零售业务切入消费品产业，并购整合出了百威英博啤酒集团，后续又收购汉堡王、卡夫亨氏等知名的消费品品牌，进化成全球最大的食品饮料集团。

挑战者资本学习的另一个著名投资人是彼得·蒂尔，唐彬森对他十分推崇："当你真正找到规律，产品一定会以一个惊人现象展现。这也是蒂尔说的，投资要发现别人发现不了的秘密。什么是秘密？就是真正可以不断重现的规律。"挑战者资本的主要作用，就是把可复制的规律不断重现在投资的其他早期项目上，共同成就一个 3G 资本那样的消费品帝国。

新旧的轮回

随着独角兽公司不断发展壮大，很多创始人担心，公司开始变得越来越像他们曾经嘲笑的传统巨头。

元气森林在很短的时间内就发展成为估值近千亿元的超级独角兽，但消耗巨资自建工厂、重金投放冰柜等投资重资产的做法，还是引发了一些人对于元气森林"由轻变重"、丧失互联网轻公司优势的担忧。唐彬森显然也意识到了这一点，并开始与商学院的教授合作，研究如何保持创业公司优势的同时，不落入大公司设下的竞争陷阱。

独角兽公司大量投资重资产的后果难料，有京东这样重金投入物流一举成功的案例，也有很多失败的案例。特斯拉也曾经面临过同样的问题，并在公司财务状况很紧张的情况下依然选择建设超级电池工厂，让很多人都不能理解。

马斯克坚持建设超级电池工厂也许是对的，但特斯拉没能完全逃脱陷入跨国公司僵化官僚的公关风格。很多跨国企业的中国区权限很低，尤其是公关部，以某个跨国大公司为例，其曾在处理一个手机爆炸的事件中，层层汇报，再加上层层隐瞒，最终导致了其手机业务在中国从领先到全面溃败。

在2021年的上海国际车展上，一名年轻女性身穿印着"刹车失灵"的白上衣，跳上一辆特斯拉的车顶进行维权。在第二天的公关回应时，特斯拉负责公关的高管又直接酿成一场公关危机，再次将特斯拉送上热搜，引来多方批评。当天，特斯拉股价应声大跌，总市值一度蒸发460亿美元。

特斯拉公关部的反应速度太慢，更深层次的原因是制度问题，特斯拉总部居然把公关部给撤了！特斯拉的销售和成本控制都做得非常到位，可是这种控制也有可能导致因质量问题引发的顾客投诉，因此公关部是一个要加强的部门，而不是一个要裁减的部门。

比沾染大公司官僚作风更严重的，是创业公司内部的铺张浪费和腐化堕落。

已经成为投资人的周航，在反思创业经历时，曾复盘易到早期融资之后在花钱上犯的错误："那个时候融的钱比较多，却瞎花了一通，先弄了一个100多人的地面销售队伍，接着又大笔投入广告推广。当真正意识到问题，决定刹车，才知道停止也有惯性，从团队收缩到结束动作，三个季度很快就这样过去了。这个时候，损耗已有七八成，剩下的钱也只剩下两三成，对公司发展来说已经捉襟见肘，于是，你开始什么都不敢尝试了。最后，为了公司安全和'过冬'考虑，不得不进行裁员。"①

　　独角兽公司在快速发展过程中，往往伴随着巨额的融资和烧钱大战，不计成本的投入和内控缺失也给新经济公司带来诸多隐患。在野蛮生长的过程中，有些"蛀虫"被招进公司，或者原本充满创业精神的团队逐渐变质，暴露出大量远超传统企业的贪腐问题，成为制约中国新经济公司，甚至全球科技公司健康发展的头号问题。

　　在 WeWork 估值达到 470 亿美元的前夕，诺依曼被曝在乘坐飞机时被机组人员发现持有大麻，于是他被迫重新安排了自己的私人行程，改乘私人飞机出行。招股说明书又暴露了一个"家庭作坊"，即诺依曼的妹夫经营着公司的健身房，此外还有其向公司租赁私人房产，借此获利数百万美元，公司向诺依曼支付了590 万美元购买"We"的商标等诸多不符合常规的行为。

　　在独角兽的上升期，资本充足，估值高涨，很容易掩盖这些问题，而当进入资本寒冬，融资不顺的时候，内部的问题就很容易暴露出来，这时的一次贪腐，就可能直接引发一家公司陷入绝境，成为压死一个独角兽的"最后一根稻草"。

　　在中国创投行业遭遇"完美风暴"之后，独角兽公司反腐的新闻变得频密起来，整个行业开始了"刮骨疗毒"：某著名超级独角兽发布反腐败公告称，因内部腐败问题预计损失超过 10 亿元，已经有几十人被查处，预计牵涉范围超过百人。据不完全统

---

① 周航. 重新理解创业：一个创业者的途中思考［M］. 北京：中信出版社，2018：86.

计，2020 年中国互联网公司公布的贪腐案例超过 200 起，超过 400 名员工被开除或移送司法机关调查。

很多创始人对腐败问题也是深恶痛绝，字节跳动创始人张一鸣从创业初期就开始思考一个问题：为什么有些公司发展到一定阶段就停滞不前了？他认为，腐败会对一个公司有效的激励产生杀伤力，不仅是内部的工资、奖金、期权的不合理发放，还有廉洁文化的失效。内部廉洁文化失效会让一个公司内部的合作整体从正和博弈跌到负和博弈。

任正非说："我们像双翼的神马，飞驰在草原上，没有什么能阻挡我们前进的步伐，唯有我们内部的惰怠与腐败。"在华为最艰难的 2019 年，任正非在接受媒体采访时着重提到了"腐败与惰怠"："我们技术很先进，所以合同很容易拿，可能就会腐败，公司就摇摇欲坠了；然后机关越来越庞大，办公环境越来越好，敲敲键盘输出几个流程就拿到钱了，谁还会愿意去艰苦地区和国家工作呢？"

随着时代的不断发展，越来越多的互联网公司开始发布反腐公告，贪腐详情也不再遮遮掩掩，而是直接公布贪腐员工的姓名、职务以及贪腐方式。2017 年 2 月，在京东、腾讯、美团等大型互联网公司的倡导下，"阳光诚信联盟"应运而生，短短几年里，由最初的 13 家会员单位发展壮大为多达 500 余家会员单位的企业廉洁合规交流平台。一个员工因为贪腐问题被开除，会被传到黑名单，联盟成员企业都可以查阅。只要一次被查，这个员工终身没机会进入主流新经济公司。

如何防止快速发展的新经济公司陷入腐败困局，确保企业廉洁合规、行稳致远，成为新经济时代的重要课题。之前很多创业公司，直到上市都没有设立单独的反腐部门，现在很多独角兽公司都已经设立了独立的风控部门。反腐常态化、制度化成为独角兽公司的共识。

当然，独角兽的问题也不能都"甩锅"给创业者，一些投资机构本身也有责任。有些头部机构为了提高投资命中率，开启"大撒币模式"，直接拿钱砸下整个赛道，默许甚至鼓励创业公司业绩造假。

为什么大基金的办公室必须要设在最豪华的写字楼，而不能像 3G 资本那样，搬到创业者的聚集地？为什么投资人不能像大多数创业者一样过清苦的日子，一定要坐头等舱，要喝茅台、抽 COHIBA（高希霸）雪茄？

3G 资本之所以能让收购的众多公司重塑辉煌，关键点就在于吸取了自身的经验教训，与藏存于公司中的贪腐、骄奢与浪费做坚决的斗争。比如 3G 资本在收购百威啤酒之后做了一系列改变：高管办公室的墙被拆了，取而代之的是一个大开间，高管在里面共用一张桌子；对外出售了公司的私人飞机机队，高管开始搭乘商业航班，当然是经济舱；免费发放的啤酒没有了；圣路易斯红雀队的免费比赛门票也没有了。不到一年的时间里，3G 资本已削减了 10 亿美元的开销。[①]

---

① ［巴西］克里斯蒂娜·柯利娅 . 3G 资本帝国［M］. 王仁荣，译 . 北京：北京联合出版公司，2017：252.

国内的大型投资机构显然也意识到腐化堕落带来的危害，开始加强反腐教育。深创投组织 40 多位领导干部参观深圳监狱，接受廉洁从业警示教育。监狱警官列举了多位企业家、位高权重的公职人员因犯罪服刑对自身经济、生活和家庭的重大影响，以及必须承担的失去自由、失去尊严、失去隐私、地位一落千丈、信息闭塞等后果，教育大家要敬畏法纪，廉洁自律，筑牢拒腐防变的思想防线。

随着中美关系紧张加剧，中国新经济公司也将面临更大的挑战。美国贸易管制黑名单中，中国科技公司的名字越来越多。反腐败已经成为美国长臂管辖的重要武器之一。修好反腐败这门课，经得起海外反腐调查，已经成为中国科技公司面临的全球化新挑战。[①]

进击的巨人

在浪漫的情人节当天，李雷和韩梅梅并排而坐，当他的目光掠过她手中那杯有着完美心形拉花的咖啡，落到窗上写着"浪漫开启，有好事花生"的海报时，不禁憧憬起未来……

你觉得他们是在哪里？ Manner 咖啡，还是 M Stand？都不是。他们在厦门国贸大厦的一楼——全国第一家邮政独立运营、深度打造的"邮局咖啡"。国贸邮政将邮局变成了一个可以社交，品

---

① 段秋斌.互联网企业反腐密码［M］.北京：中国人民大学出版社，2021：9.

尝优质咖啡，体验邮政文化的全新场景，成为不少游客的打卡点。

其实卖咖啡、奶茶只是中国邮政搏击新经济浪潮中的一朵小浪花。中国邮政通过旗下四大投资平台中邮证券、中邮保险、中邮资本和邮储银行，已经对十几家主流母基金以及投资机构完成出资，布局新经济。它还与普洛斯一起发起设立目标规模达 200 亿元、以现代物流产业为核心的私募股权投资基金。

创立于 1994 年的苏泊尔是世界上第二大炊具生产制造商。苏泊尔集团总裁周晓乐介绍，从 2004 年起，苏泊尔就已进行多次投资布局，并取得一定成果，包括在传统业务板块与法国 SEB 集团的合作，以及试水财通证券、嘉必优、赛特斯、云创数据等股权项目的投资。

2019 年年初，在对中国的未来产业发展深度研究和分析之后，苏泊尔集团最终选择了新一代信息技术产业作为投资方向，并正式设立了苏泊尔产业资本。2021 年，苏泊尔产业资本正式更名为远桥资产，成为更独立的市场化产业资本平台（CVC）。苏泊尔这个传统行业巨头，用了 18 年的时间，从试水主营行业外的投资开始，到成立苏泊尔产业资本，再到远桥资产，走完了企业风险投资的三个经典阶段。

在气泡水战争中，挑战者资本成为唐彬森手中的一张王牌，给农夫山泉带来很大冲击。手握农夫山泉和万泰生物两家上市公司的钟睒睒当然不甘示弱，2021 年 9 月，关子私募基金管理（杭州）有限公司在中国证券投资基金业协会低调完成备案登记，其实际控制人正是钟睒睒，未来私募股权的江湖上，肯定也少不了他的身影。

另一家"卖水"的公司,比农夫山泉和元气森林更早进入私募股权领域。茅台集团旗下投资平台茅台建信成立于2014年,是茅台集团与建设银行总行控股的建信信托合资设立的私募股权投资基金。茅台建信已管理了5只基金,对外投资基金两家,开始扮演母基金的角色,并且已经悄悄斩获多家IPO。茅台集团还表示,将"茅台建信基金"打造为国内有影响的"黔派"资本品牌,成为国内资本市场活跃的市场主体。

在母基金领域,厦门建发集团是最具进取精神的传统巨头之一。建发集团2021年度营业收入、资产规模均超6 000亿元,位列《财富》世界500强第148位。建发集团旗下的建发新兴投资公司,投资了君联资本、启明创投、钟鼎资本等50多家投资机构,以及康龙化成、中伟股份、泰坦科技等150多个项目,成为中国企业风险投资领域最具代表性的母基金之一。

创立于洋务运动时期的招商局,是历史最悠久也最励志的中国巨人。在2020年《财富》世界500强榜单中,招商局和招商银行同时入围,招商局成为拥有两个世界500强公司的企业。在新经济时代,招商局通过资本布局,依然是新时代的引领者。当年李鸿章在国内的洋务运动屡屡受挫、在国外被汇丰银行和西方列强欺压,如果他看到当今如此强大的招商局,那么他一定会感叹生不逢时,造化弄人。

第九章
公司与国家的博弈

科技巨头垄断性的增强和对政治的深度参与，终于激起了全球范围内的监管浪潮，但是，相比对竞争秩序的维护，美国最终更关心的还是国家利益，某种程度上，科技巨头已经成了美国未来、进步和资金的代名词。谁愿意去打击它们呢？谁有这个权力？美国对科技巨头的暧昧态度可以称得上"亦摇亦点头"。

美国即使态度坚定，也未必能管束雄心勃勃的科技巨头。马斯克对外宣称，最晚 10 年就可以送人上火星，他的愿景是在火星建立文明。他认为，火星上应该摒弃美国式的代议民主制，以摆脱特殊利益集团和政客的胁迫，人们可以直接对事情投票。如何对"殖民火星"进行监管？不但美国，全世界都没有做好准备。

大而不从

对于公司和政府之间的权力争夺，毫无疑问，公司已经占据上风。东印度公司必须每隔 20 年向议会乞求延续特许，而现代公司的地位与东印度公司不同，企业有时甚至能够击败最强大的政府：IBM 在 20 世纪 70 年代美国政府最大规模的反垄断调查案中幸存；微软则挫败了 20 世纪 90 年代最大规模的反垄断"攻击"。美国公司常常从迫使联邦政府和各州政府竞相为其提供的"角逐"中获利。[①]

苹果公司是美国商业史上最大的避税者，但是因为产品时尚惹人爱，没有人想与之为敌。亚马逊同样如此，相对于陈旧落后的传统零售商，电商就是潮流前线，2017 年，亚马逊才决定在各个州缴纳营业税。作为一家目前市值远超沃尔玛的公司，2014 年之前仅在美国 5 个州缴纳营业税。亚马逊此前获得的补贴超过 10 亿美元，它真的需要政府这笔款项吗？[②]

科技巨头为什么招致强监管？这与其一直以来信奉的理念有关。脸书的天使投资人蒂尔的观点始终是：真正具有价值的业务是那些垄断的业务。他在畅销书《从 0 到 1》中写道："垄断企业推动社会进步，因为数年甚至数十年的垄断利润是有力的创新动机。之后垄断企业会不断创新，因为利润给了它们规划长远未来的资本，它们有能力投资雄心勃勃的研究项目，这些是困在竞争之中的企业想都不敢想的。"①

　　大型科技公司一向以为自己是商业中的另类，生来就有所不同。它们的信条是：无论我们做什么，都可以使世界变得更美好。这让人想起通用汽车公司 CEO 威尔逊那句著名的话："对通用汽车有利的事情就对美国有利。"只不过大型科技公司把美国替换成了世界。然而，经历数年的丑闻，互联网的乱象就连科技公司自己也看不下去了。一向我行我素、你奈我何的大型科技公司发现，自身正面临一场空前的存在危机，所以扎克伯格和比尔·盖茨竟然都出来呼吁：现在是政府介入监管大型科技公司的时候了。对信奉自由放任主义的硅谷来说，这真是一个绝大的反讽。②

　　PAC 资本创始合伙人廖明认为，当前一些国内科技巨头已经从"大而不倒"发展到"大而不从"的阶段。从，两个意思：听从和遵从。大而不从的意思是，公司大了，觉得自己有足够的资格和资本，可以不听从政府的建议意见、不遵从法律法规了。一些公司不听从监管的建议和劝阻，一而再，再而三地刺激监管的神经，漠视政府和监管的意见，最终引发了一系列强监管政策的出台。

　　廖明建议，从一开始，创业公司的业务就必须合法合规，一开始就要"从"，不要妄想把业务做大了之后再"从"，因为监管可能并不会给你长大的机会。一级市场投资，需要把尽调中的合

――――――――――

①　［美］彼得·蒂尔，布莱克·马斯特斯.从 0 到 1：开启商业与未来的秘密
　　［M］.高玉芳，译.北京：中信出版社，2015.

②　［美］史蒂文·利维.脸书：一个商业帝国的崛起与逆转［M］.江苑薇，桂曙
　　光，译.北京：中信出版社，2021：推荐序.

规问题放在首要位置，然后再讨论投资的可能性。因为这些是"1"，业务情况和财务指标是后面的"0"。没有前面的"1"，后面的"0"毫无意义。

亦摇亦点头

产品竞争事实上也就是国家竞争。20世纪80年代，美国想要将日本的汽车、家电和高科技产品逐出市场，结果却是，美国放弃了硬件行业，转而做强软件行业，平台企业就是在这样的背景下振兴的。于是，抑制复合型大集团的方针被忽视，它们开始吞并各式各样的企业，越来越庞大。①

美国为支持美国公司全球扩张而对公司的国外收益不收税，苹果、谷歌或亚马逊都想办法将其在欧洲的利润降到最低。硅谷在国际舞台上的权力如此失控是有原因的，从历史上看，它与美国力求占据世界主导地位的政治战略有关。它们的力量对公司业务和美国的利益都有好处，所以去限制它们是没有意义的，到现在也是。这些公司已经成了美国未来、进步和资金的代名词。谁愿意去打击它们呢？谁有这个权力？②

而且一旦有特殊的情况，这些深度参与政治的科技巨头有可

① ［日］小林弘人. GAFA后时代：分散化的未来世界［M］.王婷婷，译.北京：中国科学技术出版社，2021：31.

② ［美］露西·格林. 硅谷帝国：商业巨头如何掌控经济与社会［M］.李瑞芳，译.北京：中信出版社，2019：64.

能反过来为美国政府所用。在俄乌冲突中，西方科技巨头几乎全部出动，甲骨文、谷歌、微软、脸书等都参与了对俄罗斯的制裁。

著名政治学者弗朗西斯·福山认为，政府擅长使用的监管方法，不论是反垄断还是制定隐私保护法案等，不仅耗时漫长，耗费大量政治和社会资源，效果有限，而且硅谷科技巨头多数情况下都能应对自如，它们要么不惜重金游说，要么通过各种复杂和令人眼花缭乱的操作让监管政策落空。难点在于，如果执意推行刚性监管政策，有可能扼杀硅谷科技巨头的创新力，这是美国政府所不能接受的。

奥巴马在总统任期内都在为这些美国科技公司鼓与呼，甚至请求欧洲不要收这些公司的税。奥巴马也曾在 2012 年年底取得连任前夕，信誓旦旦地扬言要通过反托拉斯调查处罚谷歌。但他在取得连任后，就做出了停止对谷歌进一步开展反托拉斯调查的决定，谷歌仅做出了一些无关轻重的承诺，就轻易地免除了数十亿美元的罚款。

巧合的是，时任谷歌执行董事长的施密特，恰恰为奥巴马的连任提供了支持。根据澎湃新闻披露，施密特向奥巴马的大数据分析团队投资数百万美元，以保持该团队的完整性，而数据分析团队帮助奥巴马在 2012 年的美国总统大选中拉到了 500 万张选票。因此，很多人认为，奥巴马与谷歌的微妙关系表明：为免遭反托拉斯处罚和不利于保持自身市场支配地位的整改措施，谷歌及其高管事实上影响了美国大选，例如奥巴马的连任。

反映美国科技巨头利益的美国政府，希望制定符合这些公司利益的数据和数据所有权规则。在贸易谈判中，如果欧洲想要得到一些回报，比如汽车业，欧洲可能愿意屈服于美国对数据的要求。因此，美国的贸易议程是一个垄断公司的议程，不仅不重视隐私，也不重视数据所有权可能带来的市场力量积累的危险。[①]

随着全球范围内反垄断监管压力不断提升，硅谷科技巨头在国内外遭遇的各类调查和处罚频频出现。2021年4月，英国正式成立新监管机构，监督全球科技巨头，防止它们滥用自身优势，垄断市场，阻碍市场竞争。新成立的数字市场部门将有权征收罚款、撤销公司合并，并迫使企业遵守新的行为准则。此前英国很少对美国科技巨头展开独立反垄断调查，大多数情况下都是通过欧盟委员会进行的。

在欧洲经济正在迈向物联网时代、人工智能时代的背景下，欧盟及其成员国正在愈发坚定地强化数字经济监管。欧盟用来"骚扰"这些美国科技巨头的方法包括：反垄断指控、追溯税收账单以及更严格的隐私和数据保护规则，更不用说就业权了。欧洲人率先确立美国公司不能独立于国家或欧洲法律在其领土上运营。[②]

欧洲国家的主要目标始终是提高谷歌、脸书等大型科技巨头的税收，要做到这一点，需要对现有税收规则进行彻底改革。法

---

① ［美］约瑟夫·E.斯蒂格利茨.全球化逆潮［M］.李杨，唐克，章添香，等译.北京：机械工业出版社，2019：348.
② ［英］尼尔·弗格森.广场与高塔：网络、阶层与全球权力竞争［M］.周逵，颜冰璇，译.北京：中信出版社，2020：428.

国、德国、意大利和西班牙财政部长在联合声明中表示："科技巨头的业务在网上开展，并不意味着它们不应该在它们运营和利润来源的国家纳税。实体业务始终是我们税收制度的历史基础，但其必须随着经济逐渐转向网上而改变。"

2021 年，由加拿大、法国、德国、意大利、日本、英国和美国组成的七国集团，已就全球税收改革方案达成初步共识，并将公司税最低税率设定为 15%。这也意味着对跨国科技企业来说，其将会在业务运营所在国家合理纳税。这只是在七国集团的框架内达成的共识，从共识到举措落地也是一个非常复杂并且漫长的过程，不过对于这一共识，亚马逊、谷歌以及脸书等公司都表示支持。

美国为了保持本国科技企业的竞争力，在制定法规时采取谨慎态度，但仍免不了采取一定的监管措施，使科技巨头的行为逐渐受到约束。美国也开始积极开展针对脸书、苹果和亚马逊的反垄断调查。扎克伯格在辩护词中警告称，如果该公司被削弱，那么来自中国的大型科技公司将会冲进来填补空白。但它的批评者们似乎都不相信这一点，监管的乌云继续笼罩在脸书的头顶。[1]苹果虽然结束了和 Epic Game（英佩游戏）的诉讼，最终判决苹果不构成垄断，但其被要求允许游戏开发商内置其他付费渠道，而不是强迫用户在 App Store 内购买。

2021 年 6 月，32 岁的反垄断明星学者莉娜·汗成为美国历史上最年轻的联邦贸易委员会主席。2017 年，还在读书的她发

---

[1] ［美］史蒂文·利维.脸书：一个商业帝国的崛起与逆转［M］.江苑薇，桂曙光，译.北京：中信出版社，2021：520.

表文章《亚马逊的反垄断悖论》，在法律界和政界引发巨大反响，由此她被视为反垄断运动的主导人物之一。在她看来，亚马逊等科技巨头无与伦比的主导地位表明，需要重写反垄断相关的法规以遏制权力滥用。她主张阻止过多公司合并，积极打击垄断行为，并拆分一些美国大型公司。

但这位"史上最年轻的主席"也伴随争议。有观点认为，她身上既有少数族裔、年轻女性的标签，又顺应了民众对科技巨头日益强烈的不满，所以这个任命更多体现的是拜登政府希望向外界展示的"政治正确"，不代表针对美国高科技企业的严格监管政策都能够通过所有的立法程序，并最终在未来顺利落实。莉娜·汗的任期为3年零3个月，在任期内她能够多大程度推进反垄断诉讼仍是未知数。但当她坚定推进自己的主张，巨头也无法忽视其影响。

2021年7月，美国总统拜登就曾签署一项内容广泛的新行政令，促进美国企业的市场化竞争性。这项行政令列出了详细的计划，包括有史以来第一次针对互联网平台的反垄断法规。行政令还鼓励联邦贸易委员会通过制定有关"不公平数据收集和监视行为"的规则来监管大型技术平台。

但在下一届美国大选之际，美国两党对于科技巨头的态度也可能发生变化，就像发生在美剧《亿万》原型、对冲基金大佬科恩身上的故事一样：政府花了多年时间收集针对他的证据，但特朗普当选总统后，立下誓言要引入一个放松管制的新时代。在新旧政府过渡的动荡期，即将上任的特朗普政府任命科恩私人投资公司"尖端72"的总法律顾问负责招聘新的司法部门候选人。在重要的经济政策岗位上，特朗普很快任命了来自高盛对冲基金的经理人和银行家，而且司法部也开始不强调对企业犯罪的起诉了。在这种环境下，未来的科恩们很可能又会火爆起来。[①]

大分散时代

自从克林顿把雄心壮志放在发展新经济、建设"信息高速公路"上之后，美国在信息科技时代一直处于一骑绝尘的地位。21世纪以来的20年间，硅谷科技巨头横扫全球主要市场，成为新一代的互联网基础设施平台。

面对这场来自美国的新经济革命，世界上的其他国家有两个选择：妥协并加以监管，或者抵抗并发起竞争。欧洲人选择了前者，因此，想要找到欧洲本土的搜索引擎、在线零售商和社交网络的尝试基本上是徒劳的，美国的科技巨头已经深深地扎进欧盟国家乃至整个欧洲。相反，中国人选择了第二种方式：竞争。这对美国来说有些出乎意料，美国人原以为中国政府会简单地试图"控制互联网"。中国战略的核心是，鼓励当地企业家借鉴美国科技巨头，并形成适应中国国情的解决办法。结果是，百度、阿里巴巴和腾讯每一家公司都显示出自身的创新性，规模几乎和美国

---

① ［美］茜拉·科尔哈特卡.亿万：围剿华尔街大白鲨［M］.李必龙，冯浜，张旭，译.北京：机械工业出版社，2018：238.

同行一样大。^①

中国互联网行业享受了将近 20 年的"监管宽松"时期，主管部门鼓励增长、简政放权，刺激了整个互联网行业的大繁荣。随着国内外形势的变化，国内互联网行业进入了强监管的大周期。四个要点促成了这个大的变化：

首先，在互联网领域，马太效应、梅特卡夫定律等加速了头部公司赢者通吃的局面，"大而不倒"的公司，已经从 2008 年金融危机时的美国银行、高盛、花旗等华尔街金融巨子，换成了脸书、亚马逊、谷歌、苹果等硅谷巨无霸。不论是中国还是全球范围内，新经济的发展都呈现出颠覆性的垄断变化，对监管者提出了全新的挑战。

其次，全球范围内，从东印度公司时期延续至今的公司和国家的争斗中，巨头公司开始处于明显优势。科技公司正变得比政府更强大，越来越多地按照自己的方式塑造世界。科技巨头让许多国家的政府和军事情报部门望而生畏，它们正在从根本上颠覆许多国家管理信息、控制媒体和获取情报的制度和模式，而且开始提供诸如太空旅行之类原本应当由国家提供的服务。

再次，在未来的中美竞争中，科技竞争成为主导，而国内目前的互联网，并不以科技为主，需要重新调整发展方向。

最后，过去这些年，中国不断加大资本领域的开放力度，在美国市场已足额配置的情况下，中国几乎成为全球主流机构投资

---

① ［英］尼尔·弗格森. 广场与高塔：网络、阶层与全球权力竞争［M］. 周逵，颜冰璇，译. 北京：中信出版社，2020：428–429.

者唯一可选的市场，愿景基金这样的超级资本选择对中美两国进行巨额投资。与此同时，国内外资本在一些超级独角兽中合流，资本的意志开始让一些科技巨头从"大而不倒"发展到"大而不从"。

几十年来，美国高科技行业的几乎每一次反垄断，最终都极大地释放了竞争活力，促成新的创新浪潮，拓展出全新的产业格局，因此反垄断在美国并没有引起特别大的科技公司整体性的市值动荡。对中国互联网行业来说，其还没有真正经受过系统性反垄断的洗礼，甚至国家主管部门也没有多少成熟的经验可以借鉴，一切都要摸着石头过河，再加上中美科技竞争中的种种敏感因素，把中国科技公司市值暴跌全部归因于国家的反垄断确实有失公允。

同时，政府在应对科技巨头的反垄断审查时，如何在规范科技公司发展的同时，不破坏其内在的成长动力和外在的成长环境，也是监管者需要平衡思考的新问题。在这样的情况下，从单一的功能性监管向专业机构监管发展是大的趋势。

弗朗西斯·福山也曾给美国提出类似的建议，他认为，由于科技监管的许多议题超出了司法部或联邦贸易委员会的调查范围，因此有必要建立一个专门的管理机构。国家反垄断局的成立，显示出中国在这方面已经领先于美国的司法实践。

2022年年初，九部委联合发布《关于推动平台经济规范健康持续发展的若干意见》，提出了进一步推动平台经济规范健康持续发展的十九点举措，包括健全完善规则制度、提升监管能力和水平、优化发展环境等六大部分。《网络安全审查办法》明确要求掌握超过 100 万用户个人信息的网络平台运营者，赴境外上市必须申报网络安全审查。

在多种合力的推动下，中国创投行业即将进入大分散时代。

目前国内一些科技巨头的市值已经超过万亿，但是距离起到"国家战略科技力量"的作用还很遥远。它们背后的中外投资机构是最大的赢家，获得了几十、几百甚至上千倍的超额回报，而国家并没有从游戏、社交媒体等行业中获得未来中美科技竞争的支柱性力量。通过反垄断，既能促使互联网巨头走出垄断的舒适区，又能将它们引向全球科技竞争的大舞台。

未来，科技公司乃至它们背后的投资机构，能否参与到中国科技复兴的大战略中，将是它们成败的关键。在目前中国私募股权市场中，国有资本越来越占据主导地位，也将起到越来越重要的引导作用，只有符合时代主题的公司和投资机构，才能得到国有资本的大力支持。

科技巨头凭借上万亿的资本，跨越国界和行业，投资参股各种有潜力的新经济公司，同时它们之间相互交织，形成了一个全球新经济投资权力网络，大大挤压了传统风险投资的生存空间。在国家明确提出"强化反垄断和防止资本无序扩张"之后，一些互联网巨头已经开始裁撤投资部门。未来，越来越多的科技巨头投资部门将会改用独立名称，趋向独立发展。

在过去 20 年中，脸书、亚马逊、谷歌、苹果等科技巨头共参与数百起并购交易，而反垄断执法机构并未阻止其中任何一宗。通过"猎杀式并购"，科技巨头有效阻止了新兴竞争对手的成长。随着科技巨头投资战略的调整，中国"猎杀式并购"也会越来越少。

　　科技巨头不断规范自己的行为，客观上也为广大中小科技公司创造了良好的发展环境，政府和中小公司将拥有更多的发言权。二线城市也可以拥有自己的科技产业，提供本地化的服务，与实力被削弱的科技巨头竞争，而不是被它们收购。很多有追求的创业者也纷纷涌入国家支持的科技创新领域。仅仅一年时间，中国就成立了 2.2 万家芯片公司、3.5 万家云计算公司和 17.2 万家人工智能创业公司。

第十章
资本的新使命

资本的终极使命到底是什么？

千百年来，投资一直属于那些拥有财富和权力的人，只有他们才有资格持有并且利用资源，从而获得回报。大多数的普通民众几乎不可能参与这种投资未来的有偿活动。早期的特权阶级已经被 21 世纪的新精英代替，这些新精英是指在投资浪潮中识别并且抓住机会的人。在多数时候，这些新精英并非含着金汤匙出生，但他们依旧取得了引人注目的成就。①

如果将资本理解为一种工具，那么我们很容易理解资本的使命就是反过来作为一种促进自由的工具。在个人层面，这是一位创业者开创公司来抓住市场机遇的自由；在组织层面，这是一群人联合起来利用自己的资源来实现共同目标，达到共同目的，实现共同价值愿景的自由；在更深的层面，资本的使命是让人类能

---

① ［美］诺顿·雷默，杰西·唐宁.投资：一部历史［M］.张田，舒林，译.
北京：中信出版社，2017：351-352.

够在这个星球上实现自己的潜能，摆脱贫困，在当前的生活实践中发挥作用，在支持和维持人类生存的同时，将这种存在置于经过优化的人类和非人类生命所共享的系统环境之中。[①]

然而，由于投资的"灰度"等原因的存在，资本也引发了各种新问题，造成了新的"异化"。在全球对公平和缩小贫富差距愈加重视的时代，资本如何才能促进共同富裕与繁荣，并且释放创新与创造力？资本在解决现实紧迫挑战和人类与星球的长远未来之间，该如何平衡与选择？

投资的"灰度"

彼得·蒂尔认为，在商业上始终存在着这么一个问题，就是一家公司到底要打破多少规则，道德界限到底要被推向多远。当然，在创业领域中往往存在着灰色地带，法律界限并不明确，而我们有时候会在这方面有所推进。纳斯达克前 CEO 格雷菲尔德也认为，在做交易的过程中，总有一些灰色地带，跟复杂局面角力是你工作的一部分，要是它很简单，你也不会领到丰厚的薪水了。

这些灰色地带，在中国被人们叫作"灰度"。任正非把华为管理哲学的核心归结为"灰度理论"：合理地掌握合适的灰度，使各种影响发展的要素在一段时间内保持和谐，这种和谐的过程

---

① ［美］杰德·艾默生.资本的使命：资金流、影响力与人本追求［M］.邱墨楠，译.北京：中信出版社，2020：266.

叫妥协，这种和谐的结果叫灰度。马化腾也曾经思考，怎样找到最恰当的灰度，既让创新不被扼杀，又不会走进创新的死胡同？究竟如何在快速变化中找到最合适的平衡点？

"恶是历史发展的动力"是一个重要的哲学命题。早在19世纪初，黑格尔就提出了这个观点。恩格斯对这个观点大加赞同，他认为，贪欲是文明社会赖以出现的原因，正是这种道德上的"恶"造就了早期经济全球化，它借"火枪和账簿"，把世界各地人民日益紧密地联系在了一起。这就是"恶创造历史"的具体表现。①

正如凯恩斯曾经说过的那样："资本主义就是建立在这样一个惊人的信念基础上的：人们出于最肮脏的动机，用着最肮脏的手段，却在某种程度上给全社会带来了益处。"这不仅仅是一个学术问题，人们一直争论不休，而其中最为核心和饱受热议的话题便是企业应该为谁的利益服务。②

可见，无论对于民族国家还是企业、公司，人们获取财富的方式都曾经饱受争议和质疑。

对于"不作恶"——谷歌这条不成文的口号和行为准则，很多人是持怀疑和嘲讽的态度，而不是敬佩，但是"不作恶"确实是谷歌所倡导和坚持的，也是它能够成功的重要原因。在物欲横

---

① 李伯重. 火枪与账簿：早期经济全球化时代的中国与东亚世界 [M]. 北京：生活·读书·新知三联书店，2017：397–399.

② ［英］露西埃里克·拜因霍克. 财富的起源 [M]. 俸绪娴，刘玮琦，尤娜，译. 杭州：浙江人民出版社，2019：486–487.

流的今天和尔虞我诈的商业竞争中，能提倡并且一直做到这一点，非常可贵。[①] 在蒂尔看来，谷歌所打出的"不作恶"口号既是一种品牌策略，也是某种企业的特征——这种企业已经足够成功，能够在不危及自身生存的情况下认真对待道德问题。

不过在 2015 年公司重组时，谷歌母公司对这个座右铭做了调整，"不作恶"准则被"做正确的事"取代，这引发了很大的争议。谷歌收购 Keyhole 之后，美国中央情报局下属的风投公司 IQT 的技术评估总监也加入了谷歌。在他的努力下，谷歌迅速建立了面向军方的销售能力，并将谷歌地球应用在伊拉克战场。"全球鹰"无人机的制造商在给军方的供货中也采用了谷歌地球的技术。后来谷歌因为坚持和军方合作开发武器，还曾经引起一波规模不小的员工离职抗议潮。

对商业公司来说，法无禁止都是可以做的，绝大多数公司都是这样的企业文化。那么，与军方合作制造"杀人机器"究竟算不算作恶？在五角大楼眼中，谷歌是惩恶扬善的爱国者；而在一些员工眼中，自己的公司已经变成了军方的鹰犬和爪牙。

谷歌前董事长施密特创立的风投机构也投资了不少与国防相关的初创企业。蒂尔创办的大数据公司 Palantir，其最大的客户就是美国中情局。它利用大数据来协助反恐，还曾在美国军方击毙本·拉登的过程中立下赫赫战功。有意思的是，美国财经媒体爆料说，正是谷歌前董事长施密特将剑桥分析公司 CEO 介

---

① 吴军.浪潮之巅［M］.北京：人民邮电出版社，2016：495.

绍给蒂尔，从而参与处理了剑桥分析公司从脸书偷过来的用户数据。

不论此事真假，不可否认的是，以蒂尔和施密特为代表的硅谷投资人，在灰色地带上不只是有所推进，简直可以称得上是跑步前进。不过在蒂尔眼中，优步和它的创始人卡兰尼克更加"灰色"。

蒂尔曾公开批判："优步是一家在道德上备受争议的公司，它将灰色地带的界限推得太远了。和滴滴的交易说明优步在一定程度上失败了，因为它没能赢得中国市场。对于它能否赢得欧洲市场，还不明了，因为优步在欧洲不合法，在很多其他地方也不合法。"卡兰尼克在中国的门徒——前优步中国的高管，离职创业后做出了中国最大的电子烟品牌，并在美国纽交所上市，在公司经营和个人财富方面都获得了极大的成功。

电子烟究竟是创新还是"电子鸦片"？这样的灰色领域到底应不应该投资？我们暂时搁置道德上的争议，回到对创新本身的讨论上。"颠覆性创新"之父克里斯坦森在《繁荣的悖论》中把创新分为三种类型：持续式创新、效率式创新和开辟式创新。

持续式创新是对市场上现有解决方案的改进，比如推出现有产品的新口味、新颜色或新功能，它本身不是用来吸引新用户的，而是旨在改善现有产品；效率式创新旨在帮助企业用更少的资源办成更多的事，典型的效率式创新属于流程创新，关注的是如何把产品造出来；开辟式创新是能够开创出新市场的创新，它的目标用户必须是这样一种类型的用户：由于各种各样的原因，他们苦于找不到可以满足自己需求的产品。①

从上面的分类标准来看，电子烟毫无疑问属于开辟式创新，创造出巨大的新市场，让很多人找到了满足自己需求的产品。克里斯坦森认为，在三种创新中，开辟式创新的力量尤其强大，它通常以数量巨大的人群为目标，提供办法，能为投资者、创新者乃至整个社会创造极大的收益。

电子烟的迅速崛起过程也印证了开辟式创新的潜力。对于这样一个有着巨大市场前景的灰色地带，最好的办法就是制定规则来规范行业。在国家烟草专卖局颁布《电子烟管理办法（征求意见稿）》之后，电子烟行业已经置于国家监管下。

2021年8月，国内某主流媒体发表了一篇文章，主要内容是中国未成年人沉迷于网络游戏这一现象的普遍性及其带来的广泛的负面影响。由于文中使用了"精神鸦片"等批判性的词句，故此文一经发出立刻引起了其他媒体的广泛转载，市场反应激烈，在当日引发港股游戏板块重挫。后来该媒体删除了原文章，在修改了"精神鸦片"等词句后重新发布。

游戏到底是不是"精神鸦片"？亚运会电子竞技冠军是不是为国争光？包含中国传统文化的国产游戏风靡世界算不算软实力传播？投资游戏公司符不符合企业社会责任理念？即使在上海提出"打造全球电竞之都"，教育部增设"电子竞技运动与管理专业"的时代，这些问题依然没有答案，那最好的方式，就是用越

---

① ［英］克莱顿·克里斯坦森，［美］艾佛萨·奥热莫，［美］凯伦·迪伦. 繁荣的悖论［M］. 陈劲，姜智勇，译. 北京：中信出版社，2020：24.

来越细化的监管措施来不断规范游戏企业，减少灰色地带，推动行业健康发展。

在国外，游戏行业也充满争议，并掀起了一场史诗级的"逼空大战"：散户大战华尔街。作为一家拥有近40年历史的企业，游戏零售商"游戏驿站"在互联网的冲击下濒临破产，并成为做空机构的目标。千禧一代年轻人暴打空头、血洗华尔街的故事，让全球股民热血沸腾，华尔街精英颜面尽失。

为挽回尊严，华尔街开始了粗暴的反击，被称为"散户大本营"的互联网券商罗宾汉（Robinhood）等多家平台开始限制交易，不讲武德的直接"拔网线"，使这家互联网券商被推到了风口浪尖。罗宾汉是英国民间传说中的英雄，也是法国文豪大仲马的小说《侠盗罗宾汉》中的主人公。以劫富济贫的英雄人物命名公司，显然包含着这家互联网券商改变华尔街弱肉强食现状的创业愿景。

依靠创新的证券交易零佣金和友好的用户体验，罗宾汉迅速吸引了大批年轻人，并且在2021年成功在纳斯达克上市，市值超过300亿美元。它开创了股票免费交易的先河，迫使整个行业于2019年取消了交易佣金。但著名投资人芒格对此发出严厉警告："这种文化会鼓励那些像在赛马场上下注一样的人，尽可能多地在股票中赌博，这是十分愚蠢的。这是一种肮脏的赚钱方式。"

中国的互联网券商同样在创新与争议交织中前行，它们凭借着产品创新方便了散户投资，在美股上市给投资机构创造了巨额回报，但同时又因为相关的监管法律的缺失，只能被迫游走在灰色地带。一些专家认为，从业务实质看所谓跨境互联网券商业态，在未取得我国境内相关牌照、仅持有境外牌照的情况下，利用互联网平台提供美股、港股交易服务，属于境内"无证驾驶"，是典型的非法金融活动，容易导致"监管真空"和"监管套利"。

究竟怎样才能找到最恰当的"灰度"，既让创新不被扼杀，又不会走进创新的死胡同？

我们如果回顾中国风险投资行业的历史，就不难发现其实这20年来的大繁荣很大程度上建立在VIE（可变利益实体）模式上。2000年，新浪成为首家赴美上市的中国互联网公司，其VIE架构更是被几乎所有后来者借鉴，成为中概股崛起的起点。甚至可以说，如果没有它，就不可能有中国互联网行业。

就是这么重要的一个模式，一直是法律上的灰色地带，也就是说，中国风险投资行业多年来一直在"灰度"上大象起舞，中外双方一直低调地保持默契和谐状态，直到2011年"支付宝事件"爆发，马云把"法律真空地带"的这层窗户纸捅破，引发大规模的中概股危机，人们才意识到问题的严重。就连VIE模式开创者之一的熊晓鸽也认为，VIE问题需要从法律上找到根本的解决方案。

从另外一个角度看，这样一个有重大缺陷的灰色模式，却支撑着中国的风险投资行业走过了20多年，使众多国内优秀的互联网公司规避了地缘政治的风险，成功走向世界舞台，充分体现了中国智慧。

电子烟、游戏、互联网券商这样富有争议的话题，在很长时间内可能都没有标准答案，因为中国的风险投资行业在某种程度上就建立在灰色地带上。我们生活的世界也并不是非黑即白，我们能做的，就是尽量用法律的手段不断减少灰色，尽量让这个地带逐渐充满阳光。这个过程势必会非常艰难，因为资本和人性都不会自然向善，有时候反而是"恶创造历史"。

新异化的诞生

硅谷的故事不仅仅是计算机如何实现致富、加速社会发展和提高经济效率的梦想的故事，也是一个梦魇的故事：剥削、种族主义、有毒的工作场所、高度压力和超时加班。硅谷不仅仅是美国梦实现的地方，同时也是剥削和环境不正义的地方。[①] 科技垄断企业比以往任何公司都更加雄心勃勃，渴望把人性塑造成它们想要的样子。它们相信自己有机会完成人与机器之间漫长的融合——改变人类进化的方向。

在亚马逊、谷歌和脸书的控制下，我们距离富有活力的智识生活越来越遥远。科技垄断巨头无时无刻的操控，正在有意识地改变人们的阅读方式和内容。在快节奏的产品更新换代中，有趣的、富有生命力的思考和表达被隐藏起来。

外交学院施展教授认为，推荐机制大大压缩了人们接触到不同信息的机会，人们迅速进入了单向度的"信息茧房"。当每个

---

① ［英］克里斯蒂安·福克斯. 数字劳动与卡尔·马克思［M］. 周延云，译. 北京：人民出版社，2020：281.

人都处于"信息茧房"时，一切看起来都是那么和谐，但渐渐地，人们越来越不习惯和不同的观点共存，进行建设性的公共讨论的能力迅速下降。

赫拉利所著的《未来简史》则宣称，人类千百年来一直在追求自由意志，但计算机算法的发展将会让人丢掉"听从自己内心"，转而把更多事情交由机器决定。他认为，随着人工智能的发展，人会慢慢放弃决策权，算法将成为人类的君主。①

如果你是一个优秀的亚马逊人，你就得做所谓的"亚马逊机器人"。最优秀的"亚马逊机器人"声称，为了仔细研究数据，并回答所有那些关于信息应该如何影响决策的问题，他们每周工作 100 个小时；另一些人则会感到沮丧、精疲力竭，却依然需要继续前进——他们如果是公司业绩最差的 10% 的人，就会被警告或者被解雇。这些指标使贝佐斯在没有直接观察员工表现的情况下依然可以掌控各阶层的员工。依据泰勒的科学管理原则，《经济学人》将这一趋势命名为"数字泰勒主义"。②

北京大学博士后陈龙的博士论文研究了一个核心问题：资本如何控制劳动者，而劳动者又是如何反抗的？为此，他加入了中关村的一家外卖骑手团队，进行田野调查，总结性的论断为："外卖平台在压缩配送时间上永不满足，它们总在不断试探人的

---

① ［美］富兰克林·福尔. 没有思想的世界：科技巨头对独立思考的威胁［M］. 舍其，译. 北京：中信出版社，2019：298.

② ［奥］维克托·迈尔－舍恩伯格，［德］托马斯·拉姆什. 数据资本时代［M］. 李晓霞，周涛，译. 北京：中信出版社，2018：87–88.

极限。平台的数据算法系统，既建构了复杂的劳动秩序，同时形成对劳动者永不枯竭的压迫式索取。"陈龙认为："数字控制不仅削弱着骑手的反抗意愿，蚕食着他们发挥自主性的空间，还使他们在不知不觉中参与到对自身的管理过程中。数字控制还表明，资本控制手段不仅正从专制转向霸权，而且正从实体转向虚拟。"

德国社会批判理论家罗萨提出了社会加速理论，他指出社会加速有三个面向。第一个面向是加速科技的进步。一封给远方好友的信件，过去可能要花好几个星期甚至几个月，互联网发明之后不到一秒钟就可以到达对方的电子邮箱。由于科技更迭的周期不断缩短，科技在为人类节省时间、放缓生活节奏之前，就已经先造成了第二个面向的加速，即社会变迁的加速。一部新手机不到半年就变"老手机"了，时效性的缩短，意味着完成事务的截止期限不断往前挪，而且源源不绝的新事务也会不断被交代下来，于是造成第三个面向的加速，即生活步调的加速。

社会加速造成了现代生活新的"异化"形式。20世纪30年代，卓别林在《摩登时代》中塑造了一个在流水线上整天重复拧螺丝钉而"异化"的工人形象。大部分人没有意识到的是，手机也是一台设备，它也有流水线，软件就是它的流水线。如果说工业社会的"异化"只影响了流水线上的工人，那么数据社会的"异化"正在波及几乎每一个人。

当代中国著名哲学家李泽厚，早在20世纪末就预言了21世纪人类社会的高度"异化"，并讨论了未来的出路。在他看来，作为电脑附属品的当代人，实际上一半是机器，一半是动物，要重新做回真正的人，不仅要摆脱工作中服从于机器统治而造成的"异化"，还要避免工作之余为满足生理需求而被动物欲望异化。然而，科学发展不会停止，人的工作已离不开机器，缓解之道不是打碎机器，而是想办法争取更多自由时间。只有自由时间多于工作时间，心理本体占统治地位，人性才能发展。

美国当代著名艺术史家克拉里在《24/7：晚期资本主义与睡眠的终结》一书中提出，资本主义将人类裹挟进没有间歇的持续状态，每周 7 天，每天 24 小时永不停歇地运转才是其准则。几年前，马云宣称"996 是修来的福报"，在这样的价值观导向下，一些国内科技巨头公司的员工猝死、因拒绝"996"被辞退的案例层出不穷，引发人们对于加班文化及"996"工作制的关注与反思。

北京大学国家发展研究院院长姚洋认为，在美国，企业家精神已经发生了很大的变化：过去的企业只对投资者负责，对股东负责，但现在，特别是对那些大企业来说，这是远远不够的——它们应该顾及所有的利益相关者。对国内科技公司来说，要支持推动共同富裕和实现社会公平正义。

姚洋建议："'996'是一个巨大的企业社会责任问题，让我们每个人都紧张。企业与其拿出那么多钱来捐款，还不如不要搞'996'，让员工周末可以休息，给外卖骑手都缴上社保，是不是更好？企业也不要再用算法和系统去算计那些骑手，他们跑得越来越快，骑手累，整个社会都累，企业的社会责任其实比捐款要重要得多。"

2021年，人力资源和社会保障部联手最高人民法院发布了加班典型案例，明确表示，"996"严重违反法律关于延长工作时间上限的规定，因此合同无效，随后国内互联网巨头才接连取消"996"工作制。

新经济对人的"新异化"过程，不会自然停止，需要全社会共同应对，才可能减缓这个过程，给人以更多尊严。

资本可以有温度吗

最近几年，"可持续金融"成为引发全球投资领域关注的一个大趋势。二十国集团阿根廷峰会上，对"可持续金融"做了界定，包括ESG、影响力投资、普惠金融及企业社会责任等方面。

2019年，181家美国顶级公司CEO在美国商业组织"商业圆桌会议"上联合签署了《公司宗旨宣言书》，宣称公司的首要任务是创造一个更美好的社会。该文件重新定义企业运营模式核心目标的优先级，进而引发了市场有关推翻"股东利益最大化"的研讨热潮。

新冠肺炎疫情引发了全球范围内投资人和企业家对于生命意义、商业本质以及资本使命前所未有的深度思考和重新认知。在中国，第三次收入分配、共同富裕、碳中和等可持续发展问题成为全社会关注的焦点。

在"可持续金融"中，跟创投行业关系最密切的就是ESG，即环境、社会和公司治理。ESG投资"义利并举"的使命感无疑是可敬的，通过适当的投资决策，为社会发展、环境保护带来积极的影响力，何乐而不为呢？然而，在带来正面社会及环境影响力的同时，确保良好的投资财务回报，这样两全其美的理想状态在现实中可以完全实现吗？

投资人曾经被认为是仅看重利润、最不容易变化的人群，如今他们也开始成为一股不容忽视的变革力量。从全球的实践来看，目前众多知名的一线投资基金都已经将 ESG 要素纳入投资流程，不投资烟草、枪支等对社会有负面影响的行业。积极的投资者会寻求相关的投资机会，比如新能源，或者传统行业的环保升级改造等。

竞天公诚王勇律师的观察也印证了这一点："世界范围内的基金管理机构和投资者均已将 ESG 作为一个重要的发展方向提上了各自的议程，各方均已认识到 ESG 将会成为一个对基金管理领域产生深远影响的因素，而非仅仅是一个噱头。鉴于基金行业尤其是一级市场的私募股权、创业基金对全球产业所具有的广泛影响，ESG 与基金投资实践的不断深入融合将成为 ESG 全球商业实践的重要催化剂，对经济社会可持续发展产生深远的积极影响。"[①]

一个很好的现象是，国有资本在这方面的响应很积极，很多政府引导基金和市场化母基金在投资标准里加入了可持续发展和社会责任等相关内容，对市场化投资机构而言是极大的带动和引

---

① 孔小龙.长钱革命：中国母基金简史［M］.杭州：浙江大学出版社，2020：208.

导，因为在国内的募资端，机构投资者以政府和国有资本为主，如果市场化投资机构没有相关的思考和行动，就不太好拿到钱。

但这也产生了新的问题，即在实际操作中，ESG 很容易变成投资机构的一种"品牌背书工具"或者"募资手段"。在募资困难的时候，也有一些投资机构其实对 ESG 并不是发自内心地认同，只是为了拿到政府的钱而讲故事，在拿到钱之后，并没有真正把可持续投资落到实处。

所以，如何识别真正的 ESG 投资者十分关键。一个有效的方法是通过监管机构来建立统一的评价标准，规范 ESG 信息披露机制。中国证券投资基金业协会在这方面扮演了积极角色，并于 2018 年发布了《中国上市公司 ESG 评价体系研究报告》和《绿色投资者指引（试行）》，持续推动相关的制度环境建设。

二级市场对 ESG 有一套严格的评分体系，一级市场的 ESG 评价要模糊许多，而且也没有权威的评价机构。国内外的评价标准和社会发展状态不同，也导致了无法直接套用国际上的一些做法。由于缺乏评判标准和国内的权威评判机构，ESG 的解释权基本都掌握在投资机构自身手中。

比如对于房地产和游戏行业，就有很大的争议。这样的行业是否符合 ESG 的要求？并没有国内权威机构来回答，而且国内外的答案也并不一致。一些宣传 ESG 的投资机构，它们投资的项目里就包含游戏公司，而且有些游戏公司还发布了 ESG 报告，强调在防沉迷系统、传播中国传统文化等方面履行企业社会责任。或许这也是"投资的灰度"在 ESG 领域的一种体现吧。

世界经济论坛创始人施瓦布认为，如今的大型科技企业，其最根本的问题在于缺乏核心价值观——不仅不认为成为行业寡头甚至垄断企业存在问题，反而还将其作为企业奋斗的目标，逃避公共责任，忽视利益相关者，比如员工、客户、供应商、投资者、非政府组织以及政府。施瓦布推崇建立一套全新的"以利益相关者为导向"的企业模式，而不是只关注损益表。他认为，大型机构投资人如果应用利益相关者指标，就能够对许多公司产生正面影响，因为他们是全球许多大型上市公司和创业公司的股东，拥有不可忽视的发言权。

贝莱德是全球第一家管理资产达到 10 万亿美元的资管公司。几年前，其创始人芬克和他的一些投资经理开始对那些只关注短期经济利润而不关注更广泛的利益相关者目标的企业敲响警钟。他在写给所投资企业 CEO 的年度公开信中传达了这一要点："社会正在要求企业服务于社会，不管这些企业是否上市。为了实现长期的繁荣，每一家企业都必须发布财务业绩，还必须表明其如何为社会做出积极贡献。"①

近年来，石油巨头埃克森美孚对能源转型和"碳中和"态度消极，还曾经拒绝为2050年的净零碳排放设定目标，并表示竞争对手如壳牌等制定的碳减排目标是"作秀"，认为这些承诺的目标缺乏实现的具体计划。

2021 年 5 月，一家仅持有埃克森美孚 0.02% 股份的基金公

---

① ［德］克劳斯·施瓦布，［比］彼得·万哈姆.利益相关者［M］.思齐，李艳，译.北京：中信出版社，2021：271.

司"引擎 1 号"在股东大会上突然发难，指责公司董事会不支持低碳环保。出乎意料的是，贝莱德、先锋和道富三家资管巨头选择联手支持"引擎 1 号"。贝莱德表示，埃克森美孚必须采取更多行动来调整长期策略，以管控威胁股东利益的气候风险。最终埃克森美孚丢掉了三个董事会席位，被"引擎 1 号"的人取代，随后新董事会成员提出更快地进行能源转型，并开始着手准备投资清洁能源，同时宣布了新目标：到 2050 年实现净零碳排放。

所以 ESG 不仅仅是"锦上添花"，它已经关系到企业的生死存亡，即使是传统石油巨头，如果拒绝转型，那么也将被新时代无情碾压。资本既是塑造社会的力量，也是实现变革的强大催化剂。如果大型投资机构都能够行动起来，把利益相关者因素纳入投资考核指标，那么全球企业的转型发展将会大大加快，社会将更有温度。

现实的情况是，并不是所有的投资人都认为，只有切实践行 ESG 经营理念的公司才是好公司，才值得投资。著名投资人吉姆·罗杰斯就直言不讳："与自身好恶相比，现实才是最重要的东西，一定要把钱投给现实，而不是自身的感受。你所想的世界，未必是世界应该有的样子；你渴望的美好，也未必是真正的美好；你以为的正确，也许恰恰是错误。所以除非与现实合拍，否则永远不要仅仅依照你的愿望和喜好去投资，在这一点上务必要理性。"[1]

---

① [美] 吉姆·罗杰斯. 危机时代 [M]. 南勇，译. 长沙：湖南文艺出版社，2021：102.

中国到底需要什么样的资本

追求繁衍不息的资本，天然具有扩张性，而资本的无序扩张，不光在中国，在全球范围内都掀起了强监管的浪潮。背后的深层次原因，是互联网的经济模式。过去 20 年，硅谷科技公司的崛起是"互联网女皇"米克尔提出的以流量为核心的全新投资方法论的结果。

"仅仅因为阴谋论和暴力煽动的参与率高，就优先传播这类内容，这样做的后果是什么？不能让社交困境演变为社会灾难！"苹果 CEO 库克在一次演讲中质问。虽然他愤怒的指责没有指名道姓，但很明显说的就是扎克伯格和脸书。

在疫情之后的全球大监管浪潮中，有一个很明显的变化，就是世界各国都在采用新的监管模式，不仅关注企业和投资者的财务，也关注非财务的内容。中国政府的监管措施引来很多讨论，毫无疑问的是，这样的监管传递出一个明确的价值观，即资本应该服务于社会。市场监管总局发布反垄断指南之后，互联网公司股价大跌。

新加坡外交官马凯硕指出，中国文明在沉睡了近 200 年后又重新回来，但未能向西方民众解释中国文明的性质，西方民众对中国文明根本不理解，如果有任何关于中国的负面报道，他们就会获取到那些负面的东西。因此，当中国要防止像阿里巴巴、腾讯这样的大型科技公司可能产生的垄断时，西方国家说："好吧，中国要对付大公司了，中国要毁灭自己了。"这是真的吗？中国正在努力创造一个财富不被少数人垄断的社会，但这又是中国难以向西方民众解释的事情。

面对人们对中国政府打击民营资本的误解，《人民日报》发表评论文章称，防止资本无序扩张，不是不要资本，而是要资本有序发展。资本是要逐利的，既要依法加强对资本的有效监管，防止资本野蛮生长，也要支持和引导资本规范健康发展。正确认识和把握资本的特性和行为规律，就要为资本设置"红绿灯"。

资本创造价值和野蛮生长都缘于其逐利性，哪一面是主流，关键在于是否能正确而有效地引导资本的行为。正确认识和把握资本的特性和行为规律，就能扬长避短、趋利避害。如果用好政府引导基金等资本杠杆，去引导社会资本进入国家需要的科技创新领域，就能在防止资本野蛮生长的同时充分发挥其积极作用，为经济持续健康发展注入强劲动力。

在商业观察家秦朔看来，没有任何一个经济强国的发展驱动力不是多元支撑的。我们既需要"凯恩斯式动力"，即发挥政府在扩大需求方面的作用；更需要"熊彼特式动力"，即发挥创业者活力和企业家精神。现在反的是垄断，不是资本；防止的是资本无序扩张，不是资本有序扩张和健康发展，并不是不支持资本，创新资本、生产性资本、良心资本、有责任的资本、环境友好型和社会友好型的资本，并没有感到什么束缚。他同时也呼吁，互联网公司不仅要有创新的扩张，也要有谦卑的自觉，有在行业竞争中更为友好与负责的态度，有对企业和社会关系的恰当理解。

扎克伯格把脸书更名为"Meta"，以配合公司从"社交媒体公司"向"元宇宙公司"这一转向，引发不小争议。科幻作家刘慈欣就公开指责元宇宙是"精神毒药"，将导致人类沉迷其中无法自拔，而后走向末路。他认为，那些把目光投向星辰大海的企业家、科学家才真正值得被称颂，是他们在为人类的未来创造出一个更好的生活环境，而不是试图把人们的脑袋放在一个机器里，享受短暂的娱乐。所以，扎克伯格的元宇宙不该是未来。

这是不同视角带来的认知差异。同样，站在国家的立场和视角上，当然希望科技巨头和它们背后的资本不要沉溺于发展游戏等赚快钱的行业，更不要在社区团购等赛道上去与小民争利，而是希望更多的资本进入和国家宏观政策相吻合的轨道，希望资本能够解决我们中国经济的短板。

在中央网络安全和信息化委员会办公室等四部门召开的促进互联网企业健康持续发展工作座谈会上，阿里巴巴、腾讯、字节跳动、京东等公司代表均表示，将呼应国家与时代需要，坚持科技向善，发挥大企业责任担当，服务国家发展大局，投身乡村振兴和共同富裕。从这些中国主流科技公司领导者的发言中，我们能感受到他们谦卑的自觉，对于国家大战略的理解和认同，以及未来转型的方向：回归初心，体现服务型科技公司的"人民性"，为人民群众谋福利。

近代中国，需要解决的问题是民族独立和国家富强；改革开放前40年，需要解决的问题是经济发展和全民奔小康；在新经济时代，中国将进入优先考虑国家安全和社会公平的发展新阶段，科技公司应该参与到中美科技竞争的大时代主题中，参与到用新经济发展带动共同富裕、实现"中国梦"的民族复兴大业中。

当前，全球面临着百年未有的大变局，既有国际关系的冲突，也有新经济革命带来的巨大冲击，对传统经济和利益格局提出了新的挑战。在ESG、共同富裕、资本向善等新理念深入人心的新时代，中国和全球的科技公司以及它们背后的资本，必须进行顺应时代潮流的变革。最关键的是，它们必须把这些新理念当作运行的内在动力，真心实意地为了社会，而不是为了做给政府看。

2022年7月9日，全国社会保障基金理事会副理事长陈文辉在财新夏季峰会上发表演讲时表示，在抓住机遇的同时也要防范风险，长期资本只要践行责任投资，主动站到社会变革的大方向上，就能避开"灰犀牛"和"黑天鹅"。有几点需要特别注意：

一是与国家战略同频共振，防范产业调控风险，将投资聚焦双碳和硬科技，支持产业链国产替代，大力布局高端制造、生命健康等战略新兴产业。

二是正确理解和支持共同富裕，防范政策风险。目前我国资本要素在初次分配中占比约20%，明显偏高。资本分配占比下降是经济发展的大势所趋，也是社会主义的本质要求。

三是加强自律，防范法律风险。虽然目前的监管体系还不健全，资本仍有钻空子套利的空间，但随着法制建设的完备，有损于人民和国家利益的行为都会受到严惩。所以看清大势，加强自律就显得特别重要。

第四部分

中国与世界

科技巨头和它们背后的新经济资本之争，已经成为中美科技竞争的主战场。这场前所未有的冲突和博弈，正在改写全球新经济领域的格局，也注定会为后人留下一段惊心动魄的历史。

　　国内很多科技巨头已经拥有巨大的影响力，但在全球范围内，中国科技公司尚未拥有与硅谷公司同样的软实力。随着中国科技公司在全球舞台的知名度越来越高，这些公司和它们背后的投资机构开始不断在软实力层面发起进攻。

　　21世纪的中国，已经重回世界舞台的中央，中国人重新拥有了自信。西方国家习惯于把我们视为"挑战者"，但我们真正要挑战的其实是自身的历史，是这个曾经无比辉煌灿烂文明中的巅峰时代。

第十一章
科技的地缘政治

哈佛大学经济史教授弗格森曾经创造了一个概念"中美国"（Chinamerica）——由 China（中国）和 America（美国）两个单词合成而来，主要是指中国和美国的合作关系，以及这个合作关系对全球经济的巨大影响。这个词被美国《纽约时报》评选为2009年度流行语。

长久以来，经贸合作都被喻为中美关系的"压舱石"和"稳定器"，但最近几年中美之间争端不断，许多有识之士担忧这会导致"世界大分裂"。谷歌前董事长施密特就曾断言："从现在开始，互联网世界将一分为二，一个以美国为主导，一个以中国为主导。"

北京大学国家发展研究院院长姚洋认为，中美两国的技术竞争是不可避免的，总有一天要摊牌："美国自认为是'山巅之国'，但中国是拥有 5 000 年绵延不绝文明的唯一国家。美国人为自己的文明骄傲，我们也有 10 倍理由为自己的文明骄傲。这个是没办法调和的。"①

中国科技公司被攻击，一个重要的原因是美国担忧其竞争力不断提升。也许这是更重要的原因，但决策者不会这么说。在过去的100多年里，美国都没有碰到过任何一个竞争对手拥有中国这样的经济体量，中国可能会在10年内超越美国，成为世界上最大的经济体；也没有任何一个竞争对手，拥有这么多和美国旗鼓相当甚至更胜一筹的科技巨头公司。

美国领导人不可能承认美国科技的竞争力在下滑，也不可能公开反对让美国人投入自由竞争。一直以来，美国人接受的观念就是，竞争是公正的，也是创造最佳结果的最好途径。决策者并不总是披露决策背后的真正原因，真正的原因可能与官方的陈述不完全一致。华为的技术无疑具有威胁性，因为它在一些方面比美国的技术更好。看看阿里巴巴和腾讯，再比较一下美国同类公司，美国人可能会问，为什么这些公司不在美国竞争？②

中美科技冲突的一个特殊性在于，它和全球科技大监管浪潮相叠加，产生了更加复杂的多方博弈，既有大国能否避免"修昔底德陷阱"的疑问，也包含了国家和公司间从东印度公司壮大以来延续几百年的冲突，更有中外科技巨头之间的零和游戏。不论

① 白重恩，蔡昉，樊纲，等.中国经济发展新阶段的机遇［M］.北京：中信出版社，2020：35.

② ［美］瑞·达利欧.原则：应对变化中的世界秩序［M］.崔苹苹，刘波，译.北京：中信出版社，2022：373.

最终的结局如何，中美科技冲突都将改写全球新经济领域的格局，也注定会为后人留下一段惊心动魄的历史。

"科技铁幕"

在英国东印度公司退出历史舞台 144 年之后，2018 年年底，来自和东印度公司渊源颇深的汇丰银行的一个"神秘人物"，用一份神秘的 PPT，让华为公司首席财务官孟晚舟在加拿大身陷囹圄。她的电子脚镣也刺痛了每一个有血性的中国人。在经历了 1 028 天现代版"苏武牧羊"式的生活之后，身着一袭"中国红"颜色长裙的孟晚舟抵达深圳宝安机场。

华为和孟晚舟的遭遇并不是个案。法律已成为美国发动经济战的一个隐秘武器，数十年来，欧洲企业不断遭到美国司法部和相关金融监管机构的重拳打击。只要在国际贸易中使用美元，企业就可能被迫面对美国司法的制裁。西门子、荷兰银行、法国巴黎银行、阿尔斯通和空中客车等都被美国打击过，虽然有些企业的案件没有被公开披露，但它们也早已屈服。

2013 年 4 月 14 日，在美国纽约肯尼迪国际机场，法国阿尔斯通的全球高管皮耶鲁齐刚下飞机就被美国联邦调查局的探员逮捕。这场抓捕不仅是针对他个人的行为，更是美国政府针对法国阿尔斯通的系列行动之一。阿尔斯通的电力业务最终被主要竞争对手美国通用电气公司收购。这家曾经横跨全球电力能源与轨道交通行业的商业巨头，由此被美国人"肢解"，而皮耶鲁齐直到

2018年9月才走出监狱，恢复自由。

在接受中国环球电视网的采访时，皮耶鲁齐说："孟晚舟事件表明，如果一国政府愿意付出不懈努力，能够很大程度上推动此类事件的解决。在我看来，这标志着中国的一个巨大胜利，因为这确实是第一次以一个国家的意志，成功回击了美国，为世界立下了标杆。其他国家虽然现在不说，但是心里一定印象深刻。未来面对美国的'长臂管辖'，要像中国一样据理力争，才有出路。"

这场危机其实早有预兆。2001年"9·11"事件之后，美国当局通过了一系列标榜可应用于全世界的反恐、打击犯罪以及反商业腐败的法律，被称为"长臂管辖"。这种美国域外法逐渐成为一种经济武器，被视为捍卫美国全球领导地位的手段，成为美国地缘经济战略的重要组成部分，标志着美国在全球经济战的开端。美国用一个储备齐全的弹药库般庞大的法律体系，使自己立于全球化的道德制高点，借由域外管辖的合法化，堂而皇之地用政治和军事手段对任何国家施压，无论是它的盟国还是敌对国。①

一边倒支持美国的，还有印度，甚至连美国媒体都认为，印度对中国科技公司的态度比特朗普政府还要严苛。

和美国有"特殊关系"的英国，自然不会在中美科技竞争中缺席。新加坡外交官马凯硕披露，一位英国企业高管称，英方在

---

① ［法］阿里·拉伊迪.隐秘战争［M］.法意，译.北京：中信出版社，2019：2.

华为内部安插情报人员进行全面检查，确认华为没有任何威胁，但几个月后英国迫于美国压力投降，封杀华为。对此，外交部发言人赵立坚在2022年1月17日的外交部例行记者会上答记者问时表示："英方一些人和势力出于政治私利趋附某国，泛化国家安全概念，打压中方特定企业，却让本国民众承担无缘5G高科技的苦果。这完全是损人不利己。"①

也有国家做出不同的选择，比如新加坡，通过新加坡政府投资公司、淡马锡以及祥峰投资对中国科技领域投下重注。新加坡总理李显龙在采访中坦陈，中美贸易战对许多国家来说都是一个问题，但包括新加坡在内的许多亚洲国家，都不希望中美关系陷入对抗。他认为，对日本、韩国以及其他亚太地区的国家而言，如何在中美之间找到一个平衡点，仍然至关重要。

美国半导体公司英伟达试图收购英国芯片设计公司安谋控股（ARM），在英国引发轩然大波，各界争论的焦点在于该如何阻止英国的科技领头羊被拽进美国的贸易战。ARM的设计在全球各地都被广泛应用，而美国和中国是它最大的两个市场。2016年，日本软银集团以240亿英镑收购ARM，但孙正义曾经承诺公司总部会留在英国。

英国政府担心美国科技巨头的收购会使得这家公司的关键活动转移到美国，从而丧失"中立性"，成为"山姆大叔"制裁中国的工具。ARM联合创始人豪瑟在接受媒体采访时表示："对剑

---

① 英方"封杀"华为损人不利己［EB/OL］.（2022-01-17）. https://baijiahao.baidu.com/s?id=1722201322340409998&wfr=spider&for=pc.

桥、英国和欧洲来说，这是一场灾难。"2022 年年初，由于包括英国和美国在内的监管机构均未能批准，这项金额达 660 亿美元的并购最终失败。

隐藏在这场有史以来最大的芯片行业并购案背后的，是全球多国正以立法的形式争夺半导体行业的话语权。

2022 年年初，美国众议院公布了推动美国半导体制造和与中国竞争的法案，其划拨 520 亿美元用于支持美国芯片研究和生产。与特朗普直接切断供应链相比，拜登的做法看上去似乎更"文明"，但威胁也更大。美国以法律的形式将产业政策固定下来，形成长久的国家发展战略之后，对芯片产业的扶持就变得"名正言顺"。欧盟紧随美国公布了《欧洲芯片法案》，计划投入超 430 亿欧元用以提振芯片产业，力争在 2030 年欧洲的全球芯片市场份额达到 20%。

关于华为、字节跳动等中国科技公司在美国的种种遭遇，媒体已经有很多深度报道，但关于中国资本在美国被打压的情况则少有媒体关注。美国政府不但限制中国投资机构投资美国科技公司，也试图禁止美国投资者对部分中国企业进行投资。

就在十几年前，美国还非常欢迎来自中国的投资。2008 年国际金融危机后，刚刚复苏的美国迫切需要中国资本作为"强心剂"。2011 年 6 月，时任美国总统奥巴马在商务部内专门成立了吸引外国投资的部门，时任美国副总统拜登也曾在北京明确强调欢迎中国投资，当时中国在美投资的大环境空前良好。2015 年，中国对外投资总额首次超过来华投资，开启了中国资本净输出的新纪元。2016 年，中国对美国投资总额达到历史新高，已经超过了 530 亿美元。

虽然这些年中国不断有投资机构到硅谷投资，或者在美国设立办事处，优步、WeWork、Lyft 等独角兽公司均获得过中国资本的支持，但中国投资机构一直都没有进入硅谷真正的核心投资圈子，那些最好的项目还是被硅谷传统老牌投资机构红杉、凯鹏华盈等把持，中国投资机构纵然有机会，也只能等到项目后期，而这个时候公司的估值已经很高，升值空间很小。彼得·蒂尔也认为，对于投资人，最重要的是了解别人不了解的事。中国人来到硅谷投资，想比硅谷投资人还懂硅谷，很难。

2005—2016 年，中国企业花费近 580 亿美元在外国科技公司增加股权或收购外国科技公司，其中大部分活动发生在近几年。有人认为中国政府支持中国企业进行海外收购，尤其是半导体收购，已经引起了美国的关注。[①]

中国投资者在美国的投资环境日益恶化的主要原因在于，美国外国投资委员会（CFIUS）对投资交易的审查越来越严格。2018 年，《外国投资风险评估现代化法案》由时任总统特朗普签署成法，表明美国从战略层面加大了对外国投资美国相关项目的审查。

美国《财富》杂志网站刊文称，美国财政部发布针对中国企业对美关键领域科技企业投资的新规后，CFIUS 的审查范围急

---

① ［美］安德鲁·B. 肯尼迪. 全球科技创新与大国博弈［M］. 卢苗苗，译. 北京：中信出版社，2021：25.

剧扩大，而发布这些新规的最终结果就是"终止美国企业对中国投资者的依赖"。新的监管规定不限于美国的国防、航空航天，还包括美国的科技优势、关键基础设施和敏感数据等。根据美国企业研究所的统计，由于美国政府加强审查，中国在美投资已从2016年高峰时的500多亿美元下降到2019年的32亿美元。

一些中国的投资机构已经关闭美国办事处，或将投资重心从美国科技公司转移到"海归"创业者身上。很多中国投资机构，特别是国有背景的资本，出于对交易不被批准的担忧，已经放弃或改变对美国半导体等高科技行业的投资。与此同时，由于担心监管审查和负面的公众情绪，一些美国科技创业公司也有意稀释早期中国投资机构持有的股份。

最令人意想不到的是，以开放宽容自居的美国也开始迫害华人教授。过去几年里，美国政府的行动步步"升级"，学术界多次受到波及——数百名美国科学家遭到政府调查，数十人因刑事指控被捕。这些案件的背后都与一个名字——"中国行动"计划有关。

以一个国家名字来命名的执法调查行动，在美国历史上并不常见。2018年11月，时任美国司法部长塞申斯提出"中国行动"计划，美方称其原因在于，"非传统情报搜集人员已经侵入了知识产权领域，包括实验室、大学和国防工业基地的研究人员正在被利用，进行了与美国利益相悖的技术转移"。随之而来的是，越来越多的在美中国留学生、华人学者和科学家仅仅因其种族、国籍或与中国的关联而受到调查的不公平待遇。

陈刚案是"中国行动"计划实施后最受中美民众瞩目的案件之一。2021年1月14日，美国工程院院士、纳米领域顶级科学家、麻省理工学院教授陈刚，因未能向美国能源部披露其在中国的任职和获酬情况而被起诉和逮捕。这一指控明显是恶意栽赃，麻省理工学院校长在一份公开信中澄清，该校与中国伙伴高校的合作与经费往来并非陈刚的个人行为，而是校方行为。2022年1月20日，美国司法部最终撤销了对陈刚教授的指控。

已回到麻省理工学院的陈刚教授表示，过去一年的经历令人痛苦，让他深感幻灭。"你努力工作，取得了成果，建立了口碑。政府得到了他们想要的。但最后，你被当成间谍。这让人心碎。"他说自己目前对美国政府提供的研究资金没有兴趣。

自从2018年11月实施"中国行动"计划以来，美国司法部已经公开66起相关案件。全美各大学近2 000名学者曾联名致函美国司法部长，对"中国行动"计划表示质疑。在各方的强大压力下，2022年2月23日，美国司法部助理部长奥尔森宣布结束"中国行动"计划。不过，他在一所大学的演讲中仍大肆渲染"中国威胁"，坚持称2018年司法部推出"中国行动"计划是正确的，只是现在他们"敏锐地意识到民权界的担忧"。

拜登政府上台之后，很多人认为新官上任的他可能会选择缓和中美之间的紧张关系。确实，拜登政府比特朗普政府在很多方面有所收敛，尤其在中美元首会晤之后，"利益相关者"紧绷了几年的神经已经开始放松，但这并不意味着事情没有继续变坏的可能。2022年2月初，拜登政府又将33家中国实体列入所谓的

"未经核实名单"，对这些实体从美国进口商品进行新的限制。

2022年1月底，北京大学国际战略研究院发表了《技术领域的中美战略竞争：分析与展望》报告，对中美技术力量对比进行了总体分析，认为以美国为对标，中国在技术上形成了多数领域"跟跑"，少数领域"并跑"，极少数领域"领跑"的基本态势。然而，中国在一些细分领域的劣势仍十分明显，存在技术空白和"卡脖子"的现象。

未来美国极可能采取"精确脱钩"和"精确挂钩"的策略。美国政府尚未完全确定"脱钩"的边界，但在芯片、人工智能等关键领域形成了一定共识；"挂钩"的领域基本上限定在低技术和低附加值的产业。美国的"脱钩"战略还将伴随"民主国家科技联盟"的组建，试图将中国置于孤立无援的境地。这种与国家实力和国际秩序密切相关的政治领导力竞争，很大程度上深刻影响着中美技术力量对比的走向。

报告还认为，技术脱钩的动力已经从单向发展成双向，中美走向了共同的目标，在客观上促成了"双向脱钩"的趋势，中美双方都面临"脱钩"带来的损失，而目前来看中国的损失可能更大。

面对重重挑战，中美需要顶住"脱钩"压力，加强对话合作，避免"走极端"。但有时候，这也并不是中国单方面就能决定的，我们也只能尽最大的努力，做最坏的打算，并且尽量多和世界其他地区"挂钩"，对冲风险。

2021年10月，美国贸易代表戴琪首次阐述了拜登政府对华贸易政策愿景，重申中美经贸关系的重要性，她还专门否定了"脱钩"，并提出"再挂钩"。即使如此，很多国际关系专家依然认为，拜登成为总统后中美科技竞争仍将继续。拜登在竞选中表示，特朗普的关税正在伤害美国人民，但他仍然无法取消这些关税，因为地缘政治竞争是由结构性力量驱动的。

中概股何处去

浑水公司在短短两个交易日的做空收益已经有数百万美元，其创始人卡尔森·布洛克的一些投资基金的朋友，在高盛、美林等投资机构的同学，不是来电话要他手下留情，就是约他见面，想联手做空分一杯羹。他们用半个小时分析了手里的情报和资料，显然，要进入下一波攻击，他们还需要做更多功课。浑水公司已是众矢之的，需要谨慎小心，步步为营……①

最近十年，有关中概股的财务作假、隐形诉讼，以及"猎杀"中概股的隐秘故事，混合着各种阴谋论，已经成了热门敏感话题，甚至被写成悬疑小说。

在美国虎视眈眈的做空机构中，最著名的就是浑水公司。"浑水"取自中国谚语"浑水摸鱼"，一语双关：既指专门调查在资本市场里"浑水摸鱼"的公司，又指"在浑浊的水中更容易摸到鱼"，先把水搅浑，然后再通过卖出的方式获利。

---

① ［美］James N, Amy C. 猎杀中概股［M］. 北京：作家出版社，2013：42.

自 2010 年成立以来，浑水已经做空了东方纸业、绿诺国际、分众传媒、嘉汉林业、辉山乳业、新东方、爱奇艺、跟谁学、瑞幸咖啡等十几家中概股，其中多家公司已经被迫退市。之所以能精准"猎杀"，是因为它的创始人布洛克是一个曾经在上海滩闯荡多年、会说普通话的"中概股杀手"，而且浑水的研究团队也都是熟悉中国商业规则的人。

除了浑水，香橼资本也是一家经常瞄准中国公司的做空机构，"战绩"同样显赫。2019 年"最惨的男人"、蔚来汽车创始人李斌，刚熬到中概股电动车股价狂欢之际，就遭到香橼资本兜头的一盆冷水，其做空报告称蔚来目标价应为 25 美元，仅为当时股价 53 美元的一半，随后蔚来股价开始大跳水。

在资本市场上，做空一直是一个充满争议的机制。过去十几年里，做空占交易的总份额大幅上升。从纽交所数据来看，在 2000 年之前做空占市场交易的比重少于 10%，2003 年占比上升为 20%，2008 年达到 40% 左右。

瑞幸造假事件不到一年就水落石出了，而獐子岛造假事件花了多年才查清，这也从侧面印证了中国资本市场查处造假的效率比美国资本市场低，其中很重要的一个原因就是，中国只有监管部门查处造假，没有充分调动其他市场参与者的积极性。几千家上市公司，监管部门能有多少人去干这事？而在美国资本市场，专业做空公司对净化市场起到了很大作用。

清华大学国家金融研究院副院长张晓燕认为，总体而言，在绝大部分市场上，做空者能够正确预测将来股票的变动，市场需要做空者。但是同时也需要对其进行智慧监管，防范和遏制做空对市场产生的消极负面影响。知名管理学者黄铁鹰也认为，做空机制带来了美国股市的高效、透明和公开，进而让全世界的冒险资金为美国创新买单。

马云曾谈过对做空中概股的看法："为何短期内允许这么多不合格中国公司密集性上市？全是美国投行、经纪商和审计公司做的担保和推荐。是啥让美国投资人那么快就忘了安然事件，2001年网络泡沫和当下的金融危机？中国企业的问题显而易见，华尔街又出了啥问题？贪！"他同时也认为，这些犯事的中国企业，缺的是对社会、客户、员工和股东的感恩，缺的是对未来、大众和事实的敬畏，缺的是信仰，这是信仰危机。

长期以来，美国的投资者只能通过中概股公司披露的财务数据来了解公司的财务情况。瑞幸无疑加深了美国投资者的怀疑，这时候美国借机要求审计中概股的会计底稿，可以说，正是瑞幸给美国送上了后者等待已久的子弹，引发了"蝴蝶效应"。有史以来第一次，美国证监会主席在电视媒体上公开提醒投资人不要投资中概股。

但做空瑞幸的浑水也遭到了调查。2021年10月，浑水公司创始人布洛克收到了美国联邦调查局的搜查令，调查人员已经获取了一些硬件设备、交易和私人聊天记录，足以证明这些美股空头存在广泛合谋。另一家知名做空机构香橼资本创始人莱夫特也遭到调查，联邦探员还收走了他的电脑。看来对于空头是否合法、是好是坏的争议还将长期持续下去。

在港交所前行政总裁李小加看来，中概股受到巨大的冲击，本质上是中美之间摩擦的一个必然后果，是它的副产品。关键不在于中概股本身会怎么样，而是中美关系怎么样。他认为，中美资本市场不会最终脱钩，因为中美两国国家实力相当。

中美关系经历了几年的摩擦和冲突，已经有了一定的共识，两个"巨人"不会一直冲突。永远有一些公司愿意去美国市场，喜欢美国市场的估值，喜欢美国的匿名，喜欢美国的投资者保护。这些公司非常清楚为什么要去美国，核心的因素它们也不一定对外披露，只是要继续承受中美冲突的潜在风险。也有一些公司愿意去香港，或者如果去美国不可行，那可能就会选择去香港。所以归根结底中概股都是中国公司自己的选择，不是美国人的选择。

香港从被殖民统治开始就一直是西方向中国传播资本和文化的媒介，它既是西方世界通向中国的窗口，也是中国通向西方世界的跳板。对香港来说，最大的机遇也是最大的挑战，即让国内外的每个人都觉得香港是多边的。多边关系意味着既要得到国内的信任，同时也要得到国际社会的广泛接受和认可。

李小加卸任港交所行政总裁前，谈到"过去 11 年中最艰难的时刻"时说："世界上最大的 IPO 阿里巴巴居然要远走他乡。成也萧何败也萧何，审慎的程序是我们最强大的优点，但也是我们最大的制约。我们需要改变，但我没有办法，只能在梦里召集这个会议，希望通过'梦'这种方式聚焦大家的思维。你说要让我在梦里去想这个时候，你可想而知我当时的绝望。"

港交所改革后，在不同投票权架构和收入门槛方面已不存在重大障碍和劣势。与此同时，它更接近内地市场，在文化、语言和交易习惯上"更接中国地气儿"，而互联互通又使在港上市的公司可以直接引入内地投资者。这种"两全其美"的制度让香港市场比美国市场更具优势。与内地市场相比，香港市场更加国际化、市场化，监督基本以披露为主，在上市审批、发行结构、价格与时间安排上完全按市场原则监管，更加灵活和自由。上市改革后的中国香港，比美国更像家，比内地更国际化，对中国新经济公司具有巨大的优势和吸引力。①

　　尽管做了很多努力，但是有很多事情香港还做不起来，李小加认为这是因为存在两种思维："有两种人，一种人就觉得内地很土，少跟我来这套，把自己摆得很高，对很多具体的事情看不起，不求改革，觉得内地应该向香港接轨；另一种人，就是希望内地要怎么着咱们就怎么着吧，内地的人才和资金进来多好啊，有些基础的原则我们就按照内地来吧。但如果完全和内地一样，跟深圳一样了，还要香港干什么呢？所以怎么在中间找到平衡，一直是香港最大的问题。"

　　他建议，首先要把两边最核心的东西找到，把监管关注的最核心问题找到。同时要找到市场里面，什么东西可以重新改一改，能够适合这种新的监管理念，什么东西不能变，就是一旦过了那个点，市场就不跟你"玩"了，那个点在哪里？首先要把这两个

---

① 李小加.互联互通的金融大时代［M］.北京：中国金融出版社，2018：148.

点找到，然后做决策的时候就知道值不值得推进，或者有没有可行性，很有可能发现这两个点之间只能取一个点的时候，这件事就不能再推进了。

有一种比较有代表性的观点认为，由于中美科技冲突和强监管等原因，中概股会大量回流到香港，对港交所和港股都是一次难得的历史性机遇。

PAC 资本创始合伙人廖明认为，从本质上来说，国际资本市场是同样的机构投资者在不同的交易所、用相同的规则在做交易。在机构投资者眼里，只有国际资本市场，没有香港资本市场，香港是国际资本市场的一部分。国际资本市场的主流机构是美元机构投资者，主要资金来自欧美发达国家。内地的资金不会成为主流，不会有定价权，内地投资者声称的南下争夺港股定价权是幻想。

香港《信报》则刊文认为，关键是要看中概股想要解决的是什么问题。问题的核心是：纽约市场的中概股，在需要转到香港市场时，香港市场能否承接这些中概股，并解决它们的问题。美国突然禁止美国人投资商汤，对商汤造成了影响，但商汤仍然成功在香港上市集资，这就解决了它的问题。香港的股票市场，完全可以应付中概股从纽约回流的大趋势，这些企业改用香港作为上市地点，完全可以有效解决它们面对因中美关系大变而造成的困难。

尽管还存在诸多争议，但香港资本市场依然是中概股寻求二次上市的首选地，而未来它的发展，还取决于中美科技竞争的后续走势。

2021 年，证监会明确了在遵守境内法律法规的前提下，满足合规要求的 VIE 架构企业备案后可以赴境外上市，这是 VIE 架构首次合法化。但同年年底，发改委公布了《外商投资准入负面清单》，其中加入了一段关于企业境外上市的规定，给企业的境外上市进程带来新的不确定性。

有人说，3 月似乎是中概股无法摆脱的魔咒。2021 年 3 月，美国证券交易委员会（SEC）正式通过了《外国控股公司问责法》，引发中概股暴跌；2022 年 3 月，在俄乌冲突、中美博弈以及国际投资者恶意做空的共同打击下，中概股再次"创造历史"：纳斯达克中国金龙指数下跌超过 10%，刷新了次贷危机以来最大单日跌幅纪录。

2022 年 3 月 16 日，国务院金融稳定发展委员会召开专题会议，研究当前经济形势和资本市场问题，其中提到中概股问题时表示，"目前中美双方监管机构保持了良好沟通，已取得积极进展"，并且未来会"继续支持各类企业到境外上市"。中国科技股同时在美港两地打响了"价格保卫战"，在经历了多个交易日的连续暴跌之后，中概股的股价终于迎来反弹，一扫之前的下跌阴霾。

这次"中概股保卫战"虽然以中方惨胜暂时告一段落，但未来中外双方围绕中概股定价权的争夺可能会愈演愈烈，而激烈程度将和中美关系直接挂钩。自从 1784 年美国的第一艘商船抵达广州以来，中美时而风雨同舟，时而怒目相向，毫无疑问，目前中美关系正处于新一轮剧烈变化的周期之中。在复杂的地缘政治背景下，中概股在未来的大周期中将成为中外资本交锋的直接战场。

正如一位著名投资人在朋友圈里的评论："这扇门依然开着，就是出去的人少了。与此同时，其他的门会开得更多，开得更大，进出的人也会越来越多。科技创新和以我为主的大势不可逆转，无论是人民币还是美元投资都需要深耕拥抱本土科技创新和内地、香港两地资本市场，横跨大洋两头在外的'潮流'必将成为历史。这也对投资机构的专业化投资和运营管理体系提出更高要求。"

合纵连横交易所

1602 年荷兰东印度公司公开发行股票之后，全球首家交易所在荷兰阿姆斯特丹诞生。几百年来，以交易所为代表的资本市场成为大国竞争中的关键领域。未来中美两国围绕交易所的创新与迭代，必将在全球范围内引发新一轮的资本格局变革。

对成熟的资本市场来说，公司制交易所才是买卖双方公平、公正、公开交易的有力保障。中国自 20 世纪 90 年代成立证券交易所以来，行政干预色彩比较浓厚，目前中国的沪深证券交易所实行会员制，北交所则定为公司制。

2022 年年初，中国政法大学资本金融研究院院长刘纪鹏的"犀利"发言广为流传。他认为中国交易所体制亟待改革："在注册制背景下监审分离后，首先要厘清证监会跟交易所的关系，交易所必须纳入证监会监管的范围。沪深交易所也应探索采用北交所模式,逐步向公司制迈进。"

清华大学五道口金融学院副院长田轩也认为,让中国资本市场真正走上市场化的道路,一个很重要的改革就是交易所的去行政化。成熟资本市场的交易所可以像一般企业一样上市融资和并购,有利于交易所之间的竞争,也有利于更好地服务上市公司。中国可以以注册制改革契机,稳步推进交易所公司制改革。

近十多年来,国际主流交易所纷纷从会员制改为公司制,国际上主要的证券交易所,如纽约证券交易所、纳斯达克、伦敦证券交易所、东京证券交易所以及港交所等采用的都是公司制,大多数证券交易所都已经上市。全球十大交易所中,除了中国的交易所,都发生过并购。交易所之间的跨境并购也明显增多,德国和英国等几个主要欧洲国家之间,以及美国和欧洲国家之间,围绕交易所的并购展开了激烈的争夺。最终纳斯达克收购了北欧交易所集团OMX,纽交所则被洲际交易所收购。

亚洲金融市场中的领先者——韩国和新加坡已经按捺不住,抢跑了新一轮交易所并购的竞赛。新加坡为什么要收购澳大利亚交易所?因为要和香港、上海竞争金融资源。韩国为什么参股老挝和柬埔寨交易所?因为要与中国、日本竞争亚洲金融强国的地位。世界各国的竞争博弈已然从产业并购走向了具有金融市场整合意义的交易所并购。

交易所的地位和作用远超一般的商业组织。一方面,交易所向外延伸,能够帮助本地经济获取更多的矿产、技术等外部资源。

如印度参股了非洲交易所，十年后会很便捷地从非洲获取大量印度经济增长所必需的能源和矿藏。另一方面，更重要的是，交易所的竞争和博弈还承载了国家竞争和金融版图整合的特殊使命。并购他国交易所可以聚集国际资本，加强自身的金融中心地位，并有助于提高资本市场的效率。[1]

在全球交易所的并购竞赛中，围绕伦敦证交所的竞争最为激烈，纽交所、纳斯达克、德国证交所等都相继发起过收购或者与之合并的努力，其中，德国证交所更是已经尝试了三次同伦敦证交所合并，但均告失败。自2000年上市以来，伦敦证交所每2.5年就会拒绝一次收购要约。伦敦证交所究竟有何魅力，引得天下英雄竞折腰？

伦敦证交所有一段传奇的浪漫历史：它是资本主义最初和真正伟大的中心，可一路追溯到伊丽莎白一世的时代。它是老派精英交易所的时代缩影，有着壮观的会议室、令人难以置信的酒窖，不同级别的人有相应的费用报销待遇，但同时官僚主义盛行。它完全是为另一个时代设计的。

2006年，纳斯达克提出以24亿英镑或每股9.5英镑的价格收购伦敦证交所，这比伦敦证交所的市价高得多。但伦敦证交所董事会立刻予以拒绝。伦敦财经媒体非常详细地报道了伦敦证交所的故事，并且对那些试图收购英国关键资产的"门口野蛮人"

---

① 刘青松.中国资本市场新变局［M］.北京：中译出版社，2021：331.

有些歇斯底里。①

2019 年，港交所突然单方面向全世界公布了收购伦敦证交所的计划，报价 296 亿英镑，通过股份及现金支付，并将伦敦证交所停止收购路孚特列为收购条件。然而仅仅两天之后，伦敦证交所就正式表态，董事会一致拒绝港交所的并购提议，并对此感到吃惊和失望。伦敦证交所表示，有四大理由拒绝收购提议：港交所的建议并不符合其战略目标；存在严重的无法交付风险；港交所对股票的考虑缺乏吸引力；并购建议中对伦敦证交所的估值严重不足。

在拒绝了港交所"求婚"的同时，伦敦证交所却向上交所"表白"："我们重视与上海证券交易所的互利合作关系，这是我们获得许多中国机会的首选和直接渠道。"这也从一个侧面证明了上海作为国际金融中心，在全球金融版图中的重要性。

近年来，上交所的对外合作十分积极，不仅与伦敦证交所合作的沪伦通正式启动，而且为支持"一带一路"建设和推进孟中印缅经济走廊合作，由上交所与深交所组成的中方联合体成功竞得孟加拉国达卡证券交易所 25% 的股权。更早之前，上交所等中国三大交易所还参股了巴基斯坦证券交易所，在交易所跨境并购方面向前迈出了一大步。

交易所的强大，资本市场的发达，将成为今后世界经济博弈的风向标之一。但中国资本市场尚未完全开放，交易所也未必全

---

① ［美］罗伯特·格雷菲尔德.市场推手：纳斯达克 CEO 自述［M］.间佳，
  译.上海：文汇出版社，2021：150–155.

部完成公司制的改革，与国际主流交易所的并购离我们似乎还很遥远，中国资本市场对外开放的步伐还需要进一步加快。

东南亚：必争之地

腾讯、阿里巴巴等中国互联网巨头和投资机构，在东南亚投下重注，一部分原因是东南亚人口数量巨大，是中国科技公司出海的必争之地，另外，美国对中国投资机构投资美高科技的限制，也使这些机构的投资重心逐渐向东南亚市场转移。

2019 年年初，第一只中国背景、专注于东南亚市场的风投基金完成 2 亿美元募资，基石投资人包含阿里巴巴 eWTP 科技创新基金、58 集团、搜狗前 CEO 王小川及众多成功的中国和东南亚企业与企业家。目前该基金已经在印尼投资多个项目，包含印尼领先的物流公司、印尼最大冰激凌品牌、印尼领先保险科技公司等。除了投资当地企业，它还帮助多家中国优秀企业在东南亚落地。

印度拥有与中国比肩的十几亿人口的超级大市场，对投资方来说是必争之地。在 20 多家印度独角兽企业中，将近 90% 都有中国的投资，其中，阿里巴巴和腾讯是最大的投资者。腾讯还掌握着印度体育游戏平台 Dream 11，参投了"印度美团"Swiggy、印度最大的教育技术公司 Byju's 等。

但印度的历史使其对外国投资持怀疑态度，在经济发展上偏向采取内向型政策，注重依赖国内要素。随着国际形势变化等综合原因，印度开始逐步"去中国化"，接连封杀了上百款来自中国的应用程序，试图全面限制中国科技巨头和投资机构杀入印度互联网市场。2020年，印度信实集团旗下公司在3个月内，就从谷歌等科技巨头融资近200亿美元，让"去中国化"政策更有底气。

印度也不光是封杀中国科技巨头，它对美国的科技巨头同样很冷淡。2015年扎克伯格曾高调访问印度，随后在印度拉开了建立免费基础服务的帷幕，但他很快就遭到了意想不到的强烈抵制，印度人称其为"技术帝国主义"。在将互联网作为礼物赠送给印度的过程中，脸书触及了印度对帝国主义深刻的文化敏感性——印度多年来一直被大英帝国占领并"教化"。与许多非洲发展中经济体不同的是，印度拥有丰富的本土数字产业和大量的科技公司。[①] 印度希望打造出自己的科技巨头，尽管在目前它还不具备这个实力，这也是欧美日韩的企业虽然在印度深耕多年，但大多数并没有发展起来的原因。

在印度投资受阻的情况下，腾讯和阿里巴巴等中国科技巨头开始加大在印尼、新加坡以及马来西亚等其他东南亚地区的投资。2016年阿里巴巴投资10亿美元，控股东南亚地区最大的在线购物网站之一的Lazada，2017年投资10亿美元增持股权至83%，2018年继续追加投资20亿美元。阿里巴巴还宣布与马来西亚政府合作建立全球首个"数字自由贸易区"，成为数字时代

---

① [美] 露西·格林. 硅谷帝国：商业巨头如何掌控经济与社会 [M]. 李瑞芳，译. 北京：中信出版社，2019：147.

中的"世界贸易组织"的一个范例。

中国和美国的科技公司在进军全球市场时，策略差异很大：美国科技巨头希望亲自征服市场，中国的科技公司则选择武装当地的创业公司。谷歌、优步、脸书等巨头在这些市场上直接推出它们全球一体化的产品，这种孤注一掷的方法如果成功，收获当然就会巨大，但空手而归的概率很高。

中国的公司避开了直接竞争，转而投资硅谷公司试图消灭的当地创业公司。在印度及东南亚，阿里巴巴和腾讯投资了当地与亚马逊等巨头竞争的本土创业公司，这是中国智慧的体现。在过去几年里，阿里巴巴已经改造了一系列专门做购物、支付和配送的东南亚公司，比如印度的 Paytm 和 BigBasket、印尼的 Tokopedia、新加坡的 Lazada、巴基斯坦的 Daraz，以及土耳其的 Trendyol 等，而这些公司的大多数用户都不知道，这些超级应用背后的投资人是一个中国科技巨头，也很少有东南亚人知道阿里巴巴的大名。

当然，没人能预知全球科技竞赛的结果，美国的公司可能加大本地化投入，利用好现有产品，最终拿下中国以外所有国家的市场；发展中国家新一代的坚韧创业家也可能利用中国企业的支持，打造出硅谷巨头无法渗透的当地市场。如果后者可以成真，那么中国的科技巨头并不会称霸全球，但可以在各地扮演重要角色，并且从丰厚的利润中分一杯羹。[1]

---

① 李开复. AI·未来［M］. 杭州：浙江人民出版社，2018：160–161.

冬海集团的故事完美印证了这个判断。2021 年 8 月，它的股价一举冲到了 338 美元历史新高，成为亚洲市值第三的互联网公司。冬海集团创始人李小冬正式以 198 亿美元的身家成为新加坡首富，超过了海底捞创始人张勇夫妇。

腾讯早在 2010 年就投资了冬海集团，所以冬海集团也被称为"东南亚小腾讯"，此后多轮投资腾讯都有参与。冬海集团旗下电商应用 Shopee 后来者居上，Shopee 的增长速度、商家数量都逐渐超过了阿里巴巴投资的 Lazada。但不论腾讯和阿里巴巴在东南亚的这场"代理人战争"最终结果如何，至少其都已经为它们带来了丰厚的投资利润。

2022 年年初，腾讯宣布减持冬海集团，套现超 30 亿美元。腾讯在声明中表示："此次出售股份实现投资的部分价值，为腾讯提供了其他投资和社会项目的资金。"在冬海身上，腾讯显然赚得盆满钵满，而且已经落袋为安。

腾讯还表示："随着冬海规模显著扩大，成为一家领先的全球消费互联网公司，这一举措有助于进一步澄清其资本结构，符合长期战略的利益增长。"从这个表态可以看出，减持有助于冬海摆脱"小腾讯"的标签。上述交易完成后，冬海集团创始人李小冬在表决权方面将"一股独大"，因此在全球化尤其是在美国发展时，基本消除了因为中国元素而导致被严监管的地缘政治风险。

第十二章
打开世界的全新方式

180 年前，法国政治思想家托克维尔在《论美国的民主》一书中写道："昔日的君主只靠物质力量进行压制，而今天的民主共和国则靠精神力量进行压制，连人们的意志它都想征服。"20世纪 90 年代，哈佛大学教授约瑟夫·奈进一步提出"软实力"概念，强调通过吸引而非强迫或收买达到目的。

中国与外部世界联系得越紧密，焦虑感就越强烈，因为我们迫切地想要获得与别人平等的地位，却总是发现仍有漫长的道路要走，要克服中国已在世界上形成的根深蒂固的形象，仍需要更多的努力。外部世界对中国充满误解，因为它不知道该如何理解这个国家——中国不是一个彻底的现代国家，也不是一个单纯的文明传统，而是两者兼而有之。①

美国的皮尤研究中心在 2019 年对全球 34 个国家心中的"中

---

① ［英］保罗·肯尼迪. 大国的兴衰：1500—2000 年的经济变革与军事冲突［M］. 王保存，王章辉，余昌楷，译. 北京：中信出版社，2013：推荐序.

国形象"进行调查，发现40%的被调查对象对中国的形象认知是正面的，负面的形象认知则占41%。其中美国、加拿大、澳大利亚、日本、韩国以及被调查的西欧国家中，大多数被调查对象对中国的形象认知是负面的。随着新冠肺炎疫情在全球蔓延，这一现象进一步恶化。①

喜马拉雅资本创始人李录认为，要想成为世界秩序的竞争者，不但内部要强大，还要有一套让国际社会大部分人接受的意识形态，以"中国故事"目前在全球主流文化的接受程度来看，中国暂时还不具备这种软实力。②

科技独角兽、新经济颠覆者以及知名企业家全部来自硅谷的时代早已结束，很多中国本土科技巨头在国内已经拥有巨大的影响力。但是在全球范围内，中国的科技公司尚未展现与硅谷公司同样的文化魅力。随着它们在全球舞台的知名度越来越高，中国的科技公司和它们背后的投资机构，开始不断在软实力层面发力。

英语并不是中国人的母语，而英语国家在全球有最大的影响力，垄断了国际媒体，所以我们迫切需要让这些媒体来看看中国到底发生了什么。当然，中国的叙事方式也需要改善，中国的科技公司和资本现在还不太擅长国际语言，它们急需提高跨文化交流能力。

---

① 王辉耀，苗绿.我向世界说中国［M］.北京：中信出版社，2021：序.

② 李录.文明、现代化、价值投资与中国［M］.北京：中信出版社，2020：152.

软实力，科技公司的新征途

乔布斯、马斯克这些志在"改变世界"的科技公司领袖，具有非凡的人格魅力，其影响力远远超出科技圈的范围。苹果、特斯拉等科技巨头的强大软实力，像磁铁一样吸引着大批社会精英不断加入其中。对渴望探索太空的年轻航天人才来说，是SpaceX让他们第一次有机会进入一家有趣的公司来设计火箭，甚至成为一名宇航员。马斯克的雄心壮志让许多喜欢冒险的顶级工程师纷纷从波音公司、洛马公司和轨道科学公司离职，来到这家为改变世界而生的公司工作。

除了人才软实力，科技巨头对媒体的大范围控制也是其构筑软实力的重要方式，并成为硅谷改变其与政府之间的权力平衡的关键。脸书、推特和谷歌不仅仅是社交媒体平台，也是新闻的生产者和主要传播渠道。传统媒体的编辑如今不仅难以批评和遏制科技巨头的野心，甚至还在相当程度上依赖着它们。具有讽刺意味的是，一方面硅谷在逐渐削弱传统媒体机构的力量，而另一方面，报纸、电视和杂志却还在报道中赞美硅谷，这反而成了硅谷集团作为消费品牌和文化影响者继续占据主导地位的关键因素。①

美国最著名的汉学家之一谢淑丽教授观察到，当美国和中国出现贸易摩擦后，没有人公开为中国辩护。她提出："当美国和中国走到实质敌对关系的边缘时，没有哪个群体真正挺身而出维

---

① ［美］露西·格林. 硅谷帝国：商业巨头如何掌控经济与社会［M］. 李瑞芳，译. 北京：中信出版社，2019：87.

护中美关系，更少有人捍卫中国。没有企业界人士，没有学者，更不会有美国国会中的任何人。"①

谢淑丽绝对有资格被称为中国问题专家：她是第一批来到中国的美国人，1971 年时就得到过周恩来总理的接见，其后担任克林顿政府时期国务卿助理，主管中国事务。但可以肯定的是，年逾古稀的她不是 TikTok 的玩家，因此她不知道，这个超级 App 中一亿多的美国月活用户，绝大多数都不同意她的观点。

就在特朗普宣称封禁的第二天，20 位 TikTok 头部红人在一封致特朗普的公开联名信中这样说："它为年轻人提供了一个无比自由的交流平台，这样的环境和氛围是年轻人在脸书和 Instagram 上找不到的，TikTok 是属于我们的精神家园，为什么要将它作为你政治斗争的工具？"

就连"软实力之父"约瑟夫·奈都看不下去了。在中美贸易摩擦的关键时刻，他在《纽约时报》公开发表文章称，特朗普削弱了美国的软实力："特朗普声称他'让美国再次伟大'，然而事实却恰恰相反，美国信誉尽失。这位总统对真相的随意态度削弱了危机时期所需的信任。如果美国代表着其他国家希望遵循的价值观，那么就可以少用一些'胡萝卜加大棒'的政策。"

与特朗普相反，在华为遭到打压后，任正非广泛接触国际媒体，以坦诚开放的态度，讲述华为的创业心路，而不是散播仇恨，赢得了国际社会的极大同情，为中国科技公司国际公关危机提供

① ［新加坡］马凯硕.中国的选择：中美博弈与战略选择［M］.全球化智库，译.北京：中信出版社，2021：27.

了难得的正面案例。但是具有任正非这样胸怀、格局和眼界的中国科技公司创始人太少了，很多国内科技公司缺乏跨文化传播的人才，缺少合适的宣传渠道和方法，也不了解外媒工作的模式，更没办法掌控西方媒体舆论。一些中国新经济公司创始人是理工科背景，更关注产品、利润、销量等短期实际利益，忽视在海外长期发展所必需的品牌形象塑造。

中国企业在海外遭遇负面困扰时，总是希望使馆能够提供支持，却不太愿意通过媒体直接参与辩论来证明自己，也不太愿意参与业务以外的活动。企业往往会得到总部的指令：避免炒作。但是在自己被污名化、"被炒作"的情况下，不去用事实对冲，负面的信息就会构成形象的内容，也即别人怎么看你。假设你的形象是一座美丽的雕塑，别人在它的背上抹了西红柿酱，你不去擦掉，以为别人没看见，但是它会一直存在。下次又出现，你仍然怕"炒作"，不去处理。久而久之，这些负面信息积累起来，就会成为你的固定形象。①

在软实力的构成中，文化的吸引力和感染力是一个重要的方面。中国传统文化博大精深，虽然传统文化不能直接等同于现代中国，但是如果可以用现代科技的手段重新把传统文化发扬光大，中国文化依然可以得到世界的认可和喜爱。李子柒断更的几个月时间里，在全球拥有几千万粉丝的她，不断被海外网友催更，无数喜欢她的人都在等她归来。2015 年，科幻文学界的"雨果奖"

---

① 傅莹. 看世界 2：百年变局下的挑战和抉择［M］.北京：中信出版社，2021：354.

第一次颁给了中国科幻小说《三体》。

姚明现在不仅是篮协主席，他还是一个有着世界眼光的青年领袖。他和贝克汉姆、威廉王子一起做公益广告，号召人类不要猎杀濒临灭绝的动物，不要放纵自身不合适的消费欲望，不要做违背进步潮流的事情。在世界很多机场都能看到这个广告。中国也有这种眼界开阔、说话幽默得体、影响深远伟大的个体，他们不一定是政治人物，可能是运动员或企业家，是深刻理解时代进步含义的新生代。[①]

北京冬奥会冠军谷爱凌就是这类个体的典型代表，她年轻、自信，能熟练用中英双语和外界交流，不只关心成绩，得了金牌不忘拥抱安慰对手，赢得了全世界的喜爱。即使遇到个别外媒的挑衅，她也能以一句"不喜欢我是他们的损失"轻松化解。

科技公司在走向世界的过程中，不光要有宏大的资本故事和称霸世界的野心，也要善于讲述和世界潮流同频的进步力量，讲述普通人创造新世界的故事，这是一个自下而上的思路，毕竟归根结底，传播是人与人之间的对话。

爱奇艺创始人龚宇在谈到如何面向世界讲好中国故事的时候说："只有抓住人性本质、表达普世价值观的内容，才能成为优秀作品。海外观众可以通过优秀的电视剧了解中国人民的生活新风尚、时代新潮流。呈现中国文化、反映百姓真实生活且制作精良、品质上乘的作品，会持续感动观众。"

---

① 王逸舟，严展宇.迷人的国际关系［M］.上海：上海人民出版社，2021：302.

除了讲好故事，中国科技公司还应该特别关注诚信问题。瑞幸造假事件对中国公司海外诚信带来的伤害不是短期内能消除的，其不仅深刻地影响了在北美上市的中国企业，而且损害了绝大多数海外华资公司甚至"中国概念"的良好形象。

在一些国外的全球诚信度排名中，中国企业诚信度的全球排名经常是在倒数的位置。对很多外国人来说，中国公司的海外形象是中国国家形象中最直观、离它们最近的元素。如果中国公司海外形象问题长期得不到实质性解决，将来我们就会面临"走出去"的道德困境，今后企业"走出去"会更加困难。这个道德困境也有可能演化为中国崛起的障碍。

隐秘战争：游说华盛顿

中美科技冲突大大影响了两国科技公司发展前景。因此，在幕后，两国的科技公司都在游说政府以避免进一步的冲突。

美国政治领域一直存在行业游说，投钱最多的一般是商会、全美房地产经纪人协会、制药和医疗组织、波音公司这样的传统行业和公司，或者是以色列这样的国家。但现在这种现象发生了转变：在相当短的时间内，硅谷就贡献了和那些成熟行业贡献数额相当的资金。

白宫和硅谷之间就像装了一扇"旋转门"。在某些情况下，作为对硅谷力量的回应，美国政府会战略性地驱动旋转门。谷歌的高管进出奥巴马的白宫最为频繁——其首席说客到访了128次。

谷歌在其位于华盛顿特区的机构投入的资金，比其他所有上市公司都要多。这些公司的说客让垄断保持了几乎不受监管也几乎不用交税的极乐状态。① 梅根·史密斯是白宫的第三位首席技术官，她曾任谷歌副总裁，为白宫引进数字平台、战略和系统方面的技术人才，通过风险投资基金让白宫进入初创公司和创新领域，允许政府快速投资新技术。

根据彭博社数据，2015 年，谷歌、苹果、微软、亚马逊和脸书在华盛顿游说支出为 4 900 万美元，而五大银行才花了 1 970 万美元。很多硅谷的科技巨头在首都设立新的办事处，作为其进行游说的基地。美国政治响应中心称，2017 年，谷歌花了超过 1 800 万美元进行游说，亚马逊花了 1 280 万美元，脸书花了 1 150 万美元，再加上苹果公司，科技巨头游说花销总额高达约 5 000 万美元。②

硅谷有一个官方机构 FWD.us，是一个游说团体，由扎克伯格等人于 2013 年牵头成立，旨在推动维持美国与其公民在全球经济中的竞争力的政策，其中包含全面性的移民与教育改革。该组织得到了比尔·盖茨的支持，共筹集资金 5 000 万美元。

很多科技巨头也采取了新的应对策略：微软组建了自己的数字外交团队，与世界各地的政策制定者和行业伙伴合作，增进互相之间的理解，在新的战场上保护他们的利益和客户。

---

① ［美］富兰克林·福尔.没有思想的世界：科技巨头对独立思考的威胁［M］.舍其，译.北京：中信出版社，2019：175.
② ［美］露西·格林.硅谷帝国：商业巨头如何掌控经济与社会［M］.李瑞芳，译.北京：中信出版社，2019：47.

近年来，由于中国科技公司的全球化发展和中美科技冲突等，华为、中兴、字节跳动、腾讯、阿里巴巴、小米、大疆、科大讯飞等中国科技公司也加大了在美国的游说投入和力度。

中国科技公司在美国的游说，成功的案例很少，小米是其中一个。2021年1月，小米被美国政府列入所谓"与中国军方相关"的黑名单中。根据《华尔街日报》的报道，美国之所以将小米集团列入黑名单，部分原因竟是小米CEO雷军在2019年曾受到中国政府的表彰。小米则在公开回应中表示，公司确认并非中国军方拥有、控制或关联方，亦非美国法律下定义的中国军方公司。之后，小米在美国起诉美国国防部和美国财政部。同年5月，美国政府承认了军事清单上的程序正义问题，愿意和小米进行和解，并将小米移出"军事清单"。

在这个过程中，小米在美国的游说起到了一定的积极作用。小米在美国聘请的著名游说公司，其客户包括中国科技公司中兴和大疆等，代表中国科技公司在美国游说的经验十分丰富。小米通过游说和法律手段，成功地进行了一场"教科书式的反击"，极大地鼓舞了中国高科技企业与美国政府抗争的信心。

和小米相比，其他中国科技巨头在美国的遭遇更加坎坷。字节跳动在美国被针对，脸书创始人扎克伯格的"带节奏"起了很大作用。扎克伯格在公开演讲、私下与白宫官员和议员的会面中，不断渲染TikTok对美国构成的威胁，还曾向特朗普提出，中国互联网公司的威胁应该是比控制脸书垄断更值得关注的问题。2020年，脸书的游说费用增速比其他任何一家科技公司都要高。

美国政治响应中心的数据显示，字节跳动在 2020 年加大了在华盛顿特区的游说力度，为此投入了 260 万美元，是 2019 年的近 10 倍。2020 年 5 月，字节跳动任命迪士尼前高级副总裁梅耶尔为 TikTok 全球 CEO。有媒体评价称，梅耶尔的加入，使字节跳动拥有了美国商业机构的形象，而且大大提升了其在美国监管机构面前的游说水平。可惜梅耶尔入职不到三个月就辞职而去，张一鸣只能暂时亲自上阵。

其实科技巨头指望挖来某个人就能大幅提升游说水平并不现实，在这方面，日本的做法值得借鉴，那就是依靠组织的力量而不是仅靠单打独斗。

日本有一个很特殊的服务机构——日本贸易振兴机构，主要任务就是帮助日本企业去海外投资，拓展海外市场。日本贸易振兴机构其实是日本企业走出去的政府服务团。它与驻外大使馆的商务处是既平行又交叉的两条线，商务处是外交机构，面对的是所在国的政府；而日本贸易振兴机构驻外代表部民间色彩较浓。正因为有这样"一官一民、官民结合"的"走出去"支援体制，日本政府不仅约束了日本企业之间在海外的无序竞争，同时也最大限度地保护了日本企业，把日本企业的不满与诉求及时地向所在国政府反映，寻求利益最大化的解决方案。[①]

成立于 2005 年的美国中国总商会，是代表中国在美投资企业的规模最大也最具影响力的非营利组织，旨在促进中美两国的

---

① 徐静波.日本如何转型创新：徐静波讲演录［M］.北京：华文出版社,2020：239.

商业交流与合作。目前，美国中国总商会拥有约 1 500 家会员企业，覆盖金融、能源、运输、汽车制造等各个领域。但是它并非专注于中国科技公司在美国的发展，而且业务也仅限于美国，无法覆盖全球其他地区。

中国有这么多在美国和海外其他地区发展的科技公司，仅凭借各公司在海外游说很难达成目标，不少公司因此被海外政府和竞争对手各个击破。除了要应对美国，中国科技公司还需要防备其他国家在背后捅刀子，比如印度。印度政府借中美贸易战和新冠肺炎疫情之机，大挖中国墙脚，不但大肆封禁中国科技公司在印度的 App，更积极游说在华跨国公司将产业链和价值链转移到印度。例如，印度政府曾与苹果高管会谈，游说其扩大在印度的制造规模，并将中国的部分产能转移到印度。

在新的大时代背景下，中国也需要有支持中国科技公司海外发展的服务机构，为整个中国科技公司服务。外交学院前院长吴建民大使曾经在多个场合提议，要在外交界建立智库，促进"旋转门"机制的建立，为中国企业"走出去"提供行业智囊服务。可惜他于 2016 年不幸遭遇车祸去世，中国企业不但失去了一个既懂世界又懂中国的外交代言人，也失去了一次建立"中国版"贸易振兴机构的机会。

如何讲好中国资本故事

纽约时间清晨 6 点，位于曼哈顿下城的华尔街尚未苏醒，离股市开市还有三个半小时，但此时交易员肯尼已经赶到纽交所交易大厅，一屁股坐到他的专属交易席位上，弯腰打开电脑主机，戴上眼镜，开始从网络中快速搜集一切与金融市场有关的消息，聚精会神撰写笔记。一小时后，他的交易员笔记"晨间想法"被发送到全球各地，随后被翻译成其他语言进行二次转载。①

著名投资人彼得·蒂尔认为，在硅谷非常有价值的一种能力，就是写作，如果你能写好一篇文章，就是很好的亮点，可以受到别人的关注和青睐。过去10年当中最成功的这些风投家，他们之前都写过长篇大论的博客。如果你也能够很好地写作的话，那么这在硅谷是一块很好的敲门砖。

一级市场需要能够"讲好中国故事"的意见领袖。只有这样的意见领袖多起来，才能让西方分析师更好地读懂中国投资界的问题，双方才能够顺畅地交流，从而解决沟通的问题。

要想成为能够"讲好中国故事"的意见领袖，必须是复合型人才：首先，最好有丰富的体制内经验，这样才能真正懂得中国的政治体制是如何运转的，是哪个部门做出的决策，背后的决策逻辑是什么，才能在和西方沟通交流时把握好尺度，知道什么东西能讲，能讲到什么程度；其次，东方人的思维模式偏向于定性分析，而西方人偏向定量分析，思维方式不同，语言体系的差异也很大，要能够用西方的思维和逻辑，用他们的语言把中国的情

① 王晶. 亲历纽交所［M］. 北京：中信出版社，2019：7.

况解释清楚。

语言和文化的隔阂，是中国科技公司国际化的最大障碍之一。中国和西方之间的文化差异根深蒂固，如果没有培养出真正的跨文化沟通的能力，那么中国的创新者在海外的软实力和创新实践将会遭遇重大挑战。

我的英文名是"dragon"，大学时一位英语老师强烈建议我改名，因为他认为这个英文名容易引起西方人不好的联想。这位英语老师曾经师从"当代翻译理论之父"奈达，而奈达提出的"动态对等"理论认为，译语接受者与源语接受者应该获得大致相同的反应。龙在中文里是瑞兽，但"dragon"在西方是恶魔，所以很多老外听说我英文名的第一反应，不是祝福而是吃惊，与国人的反应完全相反。

北京奥运会的时候，原本呼声最高的"中国龙"落选奥运吉祥物，在社会上引起了很大的争议。奥组委解释道："龙的形象在东西方存在差异，西方人眼中的龙和我们所引以为豪的情感寄托是不相吻合的，容易产生误解，因此不宜作为奥运会的吉祥物。"

从"弃龙事件"可以看出，翻译和语言表达不是小事，中国太缺少能够用西方的思维和语言把中国的情况解释清楚的意见领袖。长期以来，在国际知识和信息库里，源自中国大陆的资讯相对匮乏，更谈不上系统性和完整性。美国国会图书馆亚洲部书架上摆放的杂志，多来自日本、中国台湾和中国香港。美国媒体几乎天天提到中国，但是直接来自中国的声音并不多，很难在美国的电视节目中看到中国人接受采访并解答关于中国的问题。①

CNBC（美国消费者新闻与商业频道）主持人、《大而不倒》的作者索尔金，曾经采访阿里巴巴董事会执行副主席蔡崇信。在被问到有关中国人权问题时，蔡崇信讲述起鸦片战争的历史，香港被英国殖民统治，这是中国历史的一块大伤疤："如果你换位思考，如果你是一名清楚这段历史的中国人，你也会极力阻止外国势力来瓜分自己国家的领土。应该在这种背景下来看待香港问题。"

2007年9月29日，中国投资有限责任公司成立，作为掌管几千亿美元的中国主权财富基金，它的成立引起了全球高度关注。曾任中国投资有限责任公司首任总经理的高西庆，对西方的思维方式和资本市场十分了解。他认为中投公司面临的市场挑战很多，其中很重要的一个就是人才的挑战："现在大量的海归回来，加上本土培养起来的新一代投资人，好像多了很多。但人才数量并不能说明问题，在全世界得到认可的企业家、投资家中，中国人少之又少。"

随着中国风险投资行业和综合国力的不断发展，来自中国的投资家开始在国际舞台上大放异彩。2011年，朱民正式出任国际货币基金组织副总裁，成为这个1945年就已经成立的、与世界银行并列为世界两大金融机构的首张"中国面孔"。

① 傅莹.看世界2：百年变局下的挑战和抉择［M］.北京：中信出版社，2021：338.

"中国崛起与'元叙事'的终结"获得了 2013 年的 TED 年度最佳演讲，成为资本创始人李世默以亲身经历讲述中国发展的两个 30 年故事，突破了以往 TED 演讲的题材，涉及中国崛起的历史、制度、经验等方方面面，引起热烈反响。这个时长仅 18 分钟的演讲最成功之处，在于其是在深入理解西方语境的基础上去谈中国，不回避问题，而是找到问题背后的陷阱，用逻辑推演真相，这样的演讲方式更容易让西方人"听懂"。

中国国际电视台主持人刘欣，曾经与美国福克斯女主播翠西·里根，在国内外千万网友的关注下进行了一场就中美贸易战问题的跨洋"隔空辩论"，虽然辩论的时间只有 16 分钟，但这种民间的交流有助于让双方的民众更加了解对方。

中国需要更多的像李世默和刘欣这样，既能用流利的外语和全世界沟通，又熟悉对方表达方式的意见领袖，将国内资本市场的逻辑和故事讲给世界，吸引全球机构投资人把资产配置到中国市场。同时，还要有能够交流沟通和触达的场景和渠道，目前在达沃斯等国际主流的交流平台上，中国声音还太少。

从公元前 3000 年到 21 世纪，从一块泥板上的债务记录到称霸全球的金融巨兽，5 000 年来资本一直影响和左右着我们生活的方方面面，这个过程也一直充满争议和质疑。在国外，私募巨头"门口的野蛮人"的名声挥之不去，对资本的贪婪和腐败深感不满的年轻人发起了占领华尔街运动；在国内，"资本家"始终是一个敏感而又充满争议的词汇。

新经济公司创始人和新经济资本，基本都是在阳光下白手起家，和权力资本、寻租套利型资本有着根本区别。在防止资本无序扩张，引导资本健康发展的同时，如何创造一个让这个领域的意见领袖敢于发言、愿意发声的环境，也是值得思考的问题。

第十三章
中国的开放之路

　　帝制时代的中国从来不是一个全球大国，甚至不是全球事务的积极参与者。中国皇帝极少有兴趣向亚洲大陆以外的地区扩张，对他们来说，管好中国漫长的边境就够麻烦的了，更不要说和远在海外的国家建立联系了。1793 年，当英国特使马戛尔尼来到中国提议通商时，乾隆皇帝说："天朝物产丰盈，无所不有，原不藉外夷货物以通有无。"①

　　甲午战争时，日本已有千余家银行和现代金融机构，在战争中拥有巨大的融资能力，这也是中国战败的重要原因。新经济资本时代，中国想要在全球科技竞争中立于不败之地，就需要具备强大的融资能力：一方面是中国科技公司能够走向全球，在海外主要交易所融到国际资本，另一方面则是吸引各国投资者更加广泛深入地投资中国市场。

---

① ［美］傅高义.邓小平时代［M］.冯克利，译.北京：生活·读书·新知三联书店，2013：643.

纵观世界经济发展的历史，发达资本市场是大国经济崛起背后的重要力量。美国以华尔街为代表的发达资本市场促成了美国经济从制造业为主的工业经济转向以高科技公司为代表的创新型经济，这些创新型企业革命性地引领了行业发展，推动社会变革与经济持久增长，所以扩大资本市场开放已经是必然趋势。

中美科技冲突大大影响了开放式创新的速度，再加上全球疫情导致的困难，中国和西方创新体系之间的某些方面正在脱钩。不确定性促使企业和政府采取激进的战略，来代替对脆弱的国际供应链的依赖，但从长期来看，开放连通的全球创新体系无可替代。

中国为什么要开放

近年来，外资投资中国的热情高涨。在货币严重超发之下，全球主流的资产管理公司和主权财富基金在美元资产的投资比例已经过高，迫切需要采取有效的分散投资策略。中国带来的投资机会吸引了全世界投资者，没有哪个投资者有勇气说"我不投中国"。

美国自特朗普任总统以来，搞中美贸易摩擦和脱钩，但中国领导人一直强调要把大门打开，深度融入世界。中国为什么要开放？尤其是中国资本市场为什么要开放？

首先，中国可以利用资本的力量来减少贸易摩擦的影响，甚至遏止贸易摩擦，因为美国行政当局很难支配资本的流动。资本逐利，只要能够在中国赚钱，就没有西方政府能够阻止得了资本进入中国。贸易摩擦发生时，帮助中国发声的，很多都是美国投资界人士，比如苏世民和达利欧。

但在这场贸易战中，美国企业家并没有为中国发声，有的站到了政府的一边。不过，美国企业界和其他既得利益集团的意图不同，企业家向中国施压是为了中国更大程度地开放，而军工、政客等其他利益集团则是意图遏制和围堵中国。从资本的角度来看，中国越是开放，美国的贸易战就越是难以打下去。①

其次，中国需要全球市场的科技公司来提供好的产品和服务。一旦闭门造车，我们的世界就会变得越来越窄，信息就会变得越来越单调，进入一个不求上进的恶性循环。目前全球各国的高科技公司大多选择在美国上市，我们应该加快推进资本市场开放，在时机成熟时，也会有一批主战场在中国的外国公司到中国来上市。

著名国际问题专家郑永年教授认为，加入世界贸易组织后中国的产品越来越国际化，但一些人的思想还没有国际化，还不能从国际的视角来思考问题。高层一直在强调和呼吁更加开放，但到了底层情况就很不一样了。社交媒体上往往充斥着民粹情绪，无论是针对中国企业家，还是针对外国资本。正常的批评是可以的，但无端的攻击甚至是人身攻击给本国的企业家和外国资本造成了极其负面的影响。这和阎学通教授提出的"00后居高临下

---

① 郑永年. 贸易与理性［M］. 北京：东方出版社，2020：92.

看世界"，把经济决定论、阴谋论、债权武器等"网红"们的观点当作常识的现状不谋而合。

外交学院施展教授认为，中国与西方、中国与世界还是需要建立起码的互信。一方面，中国不需要与世界对抗；另一方面，中国是全球化深化进程中的受益者，中国不可能自外于这个世界。如果互信丧失，对中国国家利益会是巨大伤害。你越民族主义，距离世界就越远，最后受损的还是自己。所以，还是应该有理性的声音，千万不要逞一时口舌之快，误了大局。

最后，中国资本市场的开放可以吸引全球最优秀的人才。自2008年以来，超过4万名高层次人才回国就业。在此期间，教授级"海归"人数，是1978—2008年海归总人数的20倍以上，形成了自新中国成立以来最大的海外归国热潮。[①]而这背后的重要因素，是全球资本在中国对教授群体争先恐后的投资。

但从特朗普时代到拜登时代，美国都在和中国搞系统性脱钩。我们千万不要低估脱钩的大趋势，大量的外国专业人才离开中国就是人才的脱钩。虽然原则上美国非常强调对等开放，但美国在很多方面永远是单边开放的，比如说人才政策，美国的人才政策永远单边开放，这就是为什么世界上那么多人才跑到美国去了。郑永年教授建议，很多领域需要我们单边开放，尤其是高科技人才。

中国资本市场国际化程度与成熟市场相比还存在较大差距，

---

① ［荷］马克·格瑞文，［美］叶恩华，［美］韦薇.中国式创新：新型创新企业的商业模式［M］.法意，王加骥，译.北京：中信出版社，2021：76.

除了开放程度上的差异外，更重要的是制度供给相对不足，国际投资者在配置中国资产时经常感到便利程度不够，本地制度规则与国际还不够接轨，制度的完备性、透明度和可预期性也有待增强。

著名经济学家吴晓求教授认为，建成国际金融中心是中国资本市场开放的总目标，对中国经济可持续发展、居民财富增长、风险分散有着重大现实意义，对中国社会和国家现代化有着深远影响，可以让中国具备与主要发达大国对等的金融软实力。上海和深圳具备崛起为新国际金融中心的潜力，中国国际金融中心建设的形势总体乐观。

中国的国际金融中心建设需要满足四个硬条件和三个软条件。四个硬条件是经济的可持续增长、坚持走开放道路、人民币长期良好的信用基础和强大的国防实力，三个软条件是坚实的法制基础、契约精神和足够的透明度。它们相互制约、相互促进，硬条件支撑软条件，软条件完善硬条件。[①]

在这三个软条件中，法制基础和透明度可以通过各种制度性的改革逐渐完善，唯独契约精神，需要全社会长期的努力，短期内很难解决。罗永浩"真还传"感动中国的例子，恰恰说明了在现在的中国社会环境下，契约精神是多么稀缺。契约精神的不足会让金融体系赖以存在的基础消失，如果欺诈、违约频发，国际金融中心建设就无从谈起。因此，一定要加大对故意欺诈等行为

---

① 吴晓求.中国资本市场三十年：探索与变革［M］.北京：中国人民大学出版社，2021：472.

的处罚力度，完善信用评级体系，让市场化的违约惩戒机制发挥作用。

中国和美国是世界上最大的两个经济体，需要互相了解，互相学习。2008年金融危机的时候，西方资本主义体系出现了很大的问题，中国选择和美国一起共渡难关，为稳定世界金融秩序做出了自己的贡献。但危机之后，很多人突然发现："中国没老师了。"现阶段中国是不是真的不需要老师了？

著名国际关系学者傅高义生前一直建议，中国应该继续做一个谦逊的学生，融诸国之长，为己所用。另外，他还认为很多事情还得自己试验，可以先在中国某些地方试验，如果合适，再让其他地方学习。中国只要越来越开放，就一定会变得更好。

梦回唐朝

2019年的枫叶季，在日本古都奈良著名的东大寺旁边一座千年古建筑的门口，一场隆重的开锁仪式吸引了全世界古文化爱好者的目光。"史上最强的正仓院展"即将在东京国立博物馆举行，那些最有价值的唐朝艺术世间孤品，就出自这扇紧锁的大门后。

正仓院是日本最隐秘、最珍贵的博物馆，只有天皇敕令，这座"唐代文物的地上宝库"才会短暂开启。正仓院收藏中最珍贵的当数圣武天皇生前使用的全套物品，其中不少是唐朝中央政府的赐赠，包括被誉为第一名品的"螺钿紫檀五弦琵琶"以及海矶镜等国宝。这些我们只能在唐代壁画里见到的器物，在正仓院里却有实物保存，这在世界上是绝无仅有的。

建立于 618 年的唐朝，是中国历史上一座难以逾越的高峰。在北京大学历史系教授荣新江眼中，唐朝是一个世界主义的国家，具有非常宽广的胸怀，可以接受外来影响，且能够对这些外来影响兼容并蓄，产生出新的文化。它并不只是一味地接受，同时也是一个大熔炉，把这些东西融会贯通，所以唐朝是非常具有国际号召力的。著名经济学家麦迪森所著的《世界经济千年史》中的数据显示，唐朝的 GDP 占世界的 58%。虽然这只是个估算，但也能从中看出唐朝有多么强大。

为什么中国人这么怀念唐朝？很重要的一个原因是当时整个国家都透出一种自信从容的气度。这种自信是以国家真正实力为后盾的，内百姓安居，外四夷臣服，文明向全世界输出。虽然"安史之乱"后，因遭背叛而受伤的唐朝精神气质为之一变，开阔的胸襟气度不复存在，取而代之的是以韩愈"复古运动"为代表的保守思潮，一直延续到两宋①，但中国人对唐朝的崇拜与向往自唐以降从未中断。

改革开放 40 多年来，中国的经济增长和资本市场有了长足的进步。中国会不会超越美国，成为世界第一强国？不光中国人对这个问题感兴趣，整个西方世界也在激烈探讨。英国牛津辩论社曾举行过一场辩论，主题就是："与龙共舞：中国，是敌是友？"英国国际关系专家最后得出的结论是：美国应向英国学习，

---

① 张笑宇.商贸与文明：现代世界的诞生［M］.桂林：广西师范大学出版社，2021：230.

接受"被中国超越"的现实。

2021 年，美国 GDP 超过 23 万亿美元，中国 GDP 超过 17 万亿美元。专家认为，2026 年或者 2028 年，中国 GDP 可能会超越美国，成为世界第一。随着中国逐渐强大以及特朗普上台以来美国的种种乱象，"美国衰落论"开始在全球不断涌现。美国真的步入衰落了吗？

在施展教授看来，美国仍是超级大国，我们不该误判美国已经衰落。美国今天仍然是当仁不让的世界创新中心。之所以有人说美国衰落了，原因在于美国近些年的严重内部撕裂。美国内部的新经济产业赚得盆满钵满，而其传统产业却无法分享到发展的红利，这就形成了两种产业之间的撕裂，由此进一步引发了社会的严重撕裂。但是，美国现在的撕裂，刚好是其创新产业活力非凡的一个副产品，不能由这个副产品得出美国已经衰落的结论，否则会导致我们对美国、对世界、对中美关系的严重误判。

其实我们没有必要太过于关注美国是不是衰落了，中国人口规模是美国的 4 倍，只要人均 GDP 达到美国的 1/4，经济规模就能赶上美国；如果人均 GDP 达到美国的一半，经济规模就是美国的两倍。这就意味着只要中国不犯战略性错误，经济总量超越美国只是时间问题，所以没必要太关注到底哪一年中国 GDP 重回世界第一。我们只需要继续坚持改革开放，如果美国一意孤行孤立中国，那么最终伤害的是它自己，毕竟美国的核心优势就是创新和开放，丢掉了这些，也就丢掉了美国精神。

2019 年，傅高义教授在《中国与日本：1500 年的交流史》

一书中，对时间跨度从唐朝一直延续到今天共1 500年的中日两国关系进行了剖析。对一个几千年文明从未中断的大国来说，我们的视角应该像傅高义教授那样跨越千年。所以，我们现在也不应该把眼光紧盯着只有200多年历史的美国，更应该关注中国曾经到达过怎样的高度，以及究竟如何才能再次达到这种高度。从这个意义上看，唐朝给我们提供了一个很好的解剖和对比分析的样本。

唐朝能够吸引各国和邻近民族蜂拥而至，原因并不是简单的具有开放性，更重要的是具有文明世界的优越性：物质富裕，典章制度完善，中央有权威和军事实力威慑，宗教有理性的宽容，文学艺术有创造性，还有科学技术的领先，乃至穿着装束都很时髦新潮。没有政治、经济、文化各方面走在世界前列的优越性，没有巨大活力的盛唐气象，单凭所谓开放性不可能形成国际性的特点。[1]

长安，是当时世界上最繁荣开放的城市，是世界文化交流和贸易中心。吴晓求教授提出，建成国际金融中心是中国资本市场开放的总目标，如果未来中国资本市场成为国际金融中心，也就意味着中国现代化有了巨大进步，因为它要求法制的完善、透明度的改善、契约精神的确定。

唐朝成功的基础是法制建设。唐朝承袭北魏、北周的旧制，但也在不断完善调整，而且进一步发展了秦汉以来中央集权的国

---

① 荣新江，辛德勇，孟宪实，等.唐：中国历史的黄金时代［M］.北京：生活·读书·新知三联书店，2021：119.

家政治体制，确立并完善了"三省六部"制，有力保障了国家行政强大的贯彻力和执行力，为实现和维护国家大一统做出了重要贡献。

中国目前采用的是大陆法系的成文法，难以对一些严重的市场违法行为进行有效惩处和遏制。建设中国国际金融中心，要积极完善法治体系，提高金融法律法规与国际金融市场的接轨程度，降低中国金融市场给全球投资者带来的法律层面上的不确定性。

文化自信是一个国家、一个民族发展中最基本、最深沉、最持久的力量。文化自信本质上就是对传统文化和思想价值体系的认同，以及对外来文化的包容和对未来的信心。最近几年，无论是国潮兴起，还是河南卫视《唐宫夜宴》的火爆出圈，无不折射出国人文化自信的提升。北京冬奥会，从开幕式到闭幕式，从二十四节气到十二生肖，从"迎客松"到"折柳送别"，中国人骨子里的浪漫，配上诸多"黑科技"和绿色环保理念，惊艳了全世界。

建筑大师贝聿铭坚信，"越是民族的，越是世界的"。他将中国传统建筑与现代主义相结合，设计出融合了东西方文明精髓的香山饭店和苏州博物馆，依照桃花源灵感建造出日本美秀美术馆，让盛唐之后的中国建筑再次享誉全球。

作为中国文化的巅峰时代，唐朝 300 年间产生了 49 000 多首现在还在流传的诗歌，诞生了不少有世界级影响力的诗人。除了人们熟知的李白、杜甫、白居易等，还有一位唐朝隐居诗人曾经撼动西方世界，他就是寒山。

美国著名摇滚歌手鲍勃·迪伦所代表的嬉皮士精神，渊源就在于这位唐代诗人，一个广为世界所知却少为国人所知的著名诗人，一个光耀全球却在历代诗人中诗名低微的诗人。寒山穿越千年的时间和文化的隔阂，将禅意传达给迪伦和乔布斯，传递给这个新时代。

2022年年初，故宫博物院的开年大展被命名为"何以中国"。在100多件珍贵文物中，一件1963年出土的西周青铜重器——何尊，揭开了"中国"一词的身世之谜。它内底的12行122字铭文，是目前所知"中国"一词最早的记载和出处。如今，何尊的灵感化身冬奥火种台，继续"承天载物"，向全世界展示中国之美。

在漫长的历史长河中，中国人曾有着足够的自信，相信自己处于世界的"中央"，相信我们就是"中国"。我们也曾因遭遇背叛而逐渐变得保守，与世界舞台渐行渐远。100多年前的那场"三千年未有之大变局"，带来的巨大文化冲击、对自尊心的伤害和对自身文化的怀疑，让我们重新打开国门，开眼看世界。

21世纪的中国，已经重回世界舞台的中央，中国人重新拥有了自信。西方强国总习惯于把我们视为"挑战者"，但我们真正挑战的其实是自身的历史，是这个曾经无比辉煌灿烂文明中的巅峰时代。与古为友，从唐朝的历史中，我们可以吸取很多宝贵的经验教训和精神财富。中华民族素有文化自信的气度，我们应该为此感到无比自豪，也应该为此感到无比自信。

时间是理解一切的关键

1974 年 4 月，刚刚复出的邓小平以国务院副总理的身份出席联合国大会。在纽约，他的日程排得很满，却执意要去华尔街转一圈。对此，《邓小平时代》作者傅高义这样评价："他具有一种寻找实力的真正来源并理解这种来源的本能。"在邓小平看来，华尔街不但是美国资本主义的象征，而且是美国经济实力的象征。[①]

为什么中国用 40 多年，就走完了西方发达国家几百年才完成的现代化历程？

时间是理解这一切的关键，这也是邓小平去华尔街寻找的秘密——资本的力量可以"压缩时空"，给历史的飞船装上"曲速引擎"。所以我们要改革开放，借助资本的力量，去追赶世界经济的脚步，所以深圳蛇口工业区建设总指挥袁庚提出"时间就是金钱，效率就是生命"。你可能不懂资本市场，但资本每天都在以自己的方式塑造着我们的时代，改变着我们的生活，"金钱永不眠"。

从国家层面来看，中国和美国作为新经济发展最好的两个大国，造富速度远超全球其他地区。网上有种流行看法：最近十年，全世界除了中美两国，其他国家实际上都已经不发展了。证据是2010 年全世界 GDP 总量是 66 万亿美元，到了 2020 年，全世界经济总量是 84.5 万亿美元，增长了 18.5 万亿美元，但其中仅中国就增加了 8.8 万亿美元，美国也增加了 6 万亿美元，世界其他

[①] 彭兴庭.资本 5000 年：资本秩序如何塑造人类文明［M］.北京：中国友谊出版公司，2021：316.

国家和地区只增长了 3.7 万亿美元。如果仅从国际货币基金组织的统计数据来看，那么上面的说法有一定的道理。

20 年前，全球几乎所有主流智库都预测未来世界是"一超多强"的格局；20 年后，很多国家的经济成为被时间遗忘的角落，仿佛全球只有中国和美国在百米冲刺，其他国家都在按马拉松的节奏跑。如果我们能像傅高义教授那样，用跨越千年的眼光去看待国家间的竞争和兴衰，那么我们将跑得更加从容自信，跑得更加潇洒，知道什么时候该加速，什么时候该减速，什么时候该停下来。

从公司层面来看，科技公司以传统企业 7 倍的速度成长并衰退，越来越多的科技公司快速上市，积累巨额财富，不断扩展自己的边界。它们的"颠覆式创新"也引起了传统巨头和政府的"围剿"，这无异于一场多边战争。随着时间的推移，很多科技公司创始人开始担心，公司变得越来越像他们曾经嘲笑的那些传统巨头，如何跳出历史的周期率，既是一个无法回避的问题，也是一个决定生死的问题。

从个人层面来看，新经济时代的科技进步引发了社会变迁和生活步调的加速，将人类裹挟进没有间歇的持续状态，造成了新的"异化"。而这个"新异化"的过程，不会自然停止，需要全社会共同应对，才可能把时间交还给个人，给人以更多尊严。

时间从来都不是中立的，是时间在衡量并且建立了差异性。无论国家、公司还是个人，只有利用好时间的杠杆，才能在新时代脱颖而出。